ちくま新書

はじめて行く公営ギャンブル

——地方競馬、競輪、競艇、オートレース入門

藤木TDC
Fujiki TDC

1776

はじめて行く公営ギャンブル——地方競馬、競輪、競艇、オートレース入門【目次】

序章　公営ギャンブルの魅力

†凝縮された「世界の仕組み」

本書を手にしたみなさんは、公営ギャンブルをしたことがあるでしょうか。公営ギャンブル場と呼ばれる場所に行ったことがあるでしょうか。

そこで馬券や車券、舟券と呼ばれる投票券を買ったことがあるでしょうか。公営ギャンブルではありませんが、JRA日本中央競馬会の馬券なら買ったことがある、という方はいるかもしれません。でも、あなたの家の近所にもあるかもしれない地方競馬場や競輪場には足を運んだことがない、という方も案外多いのでは。

本書はまず、そのような、これまで公営ギャンブルと縁のなかった方たちのために書きました。できるだけ公営ギャンブルに興味を持ってほしいとの目的で、わかりやすく、優しい言葉を選んで書くことを心がけています。

本書を手にして、この最初の部分を読んでいるということは、あなたはすでに公営ギャンブルに興味を持っているのかもしれません。最後まで読んで、楽しそうだな、自分に向いているかもしれないな、と思ったら、ぜひ一度、現地へ足を運んでください。

ただし、ギャンブルで一獲千金を狙い、確実にお金を儲けたいと考えている人に、本書はまったく役に立ちません。それは私自身が公営ギャンブルで儲かった経験がほとんどないからです。

本書は、ギャンブル必勝法の本ではありません。

公営ギャンブルは、まず絶対に儲からないギャンブルです。本書をバクチの必勝法だと思った方は、ここでページを閉じたほうが賢明です。

私は三〇年ほど公営ギャンブルを続けてきましたが、その日の収支が黒字になったことはほとんどありません。あったとしても累積する膨大な赤字に一回や二回の黒字分など跡形もなく吸収されてしまいます。残りの人生で赤字を黒字に変えることは間違いなく無理です。

では、なぜ私は公営ギャンブルをするのか。または、なぜ勝てない公営ギャンブルの本を書こうと思ったのか。

それは負け続けても楽しい方法を発見してしまったからです。

負け続けて楽しい？　そんなのどこが楽しいの？　と読者の皆さんは思うでしょう。

解答は、公営ギャンブルを通して「この世界の仕組みが分かりかける」から、楽しいのではないかと思います。

「この世界の仕組み」というのは、人間関係、人間のいる世界の法則です。公営ギャンブルは機械が乱数表からから特定の番号を選び出すギャンブルではありません。機械がサイコロを転がすギャンブルでもありません。勝ち負けには必ず人間が関与しています。だから勝負の背後に人間の優しさや弱さ、義理人情、やるせない煩悩や苦悩が見えてくるのです。勝ち負けの背景に何かしらの人間的理由が見えてきます。

たとえていえば、それはある種の文学作品を読んだり、すぐれた映画を見ているような感覚です。公営ギャンブルは、わずか数分で終わるひとつのレースの中に、友情があり、打算があり、裏切りがあり、失敗があり、歓喜があり絶望があり、個人の力ではどうにもならない幸運不運があり、自分という人間に対する全能感や、喪失感を味わうことができます。公営ギャンブルは、ギャンブルでありながら、文学や映画でもあるのです。

寺山修司はエッセイ「賭博（二）」（『自叙伝らしくなく　誰か故郷を想はざる』所収、一九六八年、芳賀書店刊のち角川文庫など）にこんなふうに書いています。

「初めて賭博をしたときの私は「勝ちたい」とは思わなかった。勝ちたいのではなくて「知りたい」と思ったのである。私自身の恒星の軌道を、運の祝福の有無を、そして自分自身の最も早い未来を「知りたい」。勝負を決めるのは、いわば見えない力の裁きのようなものであって、それは、どう動かすこともできないだろう。だからこそ、「知りたい」のであり、賭けてみなければならないと思ったのである」

寺山がいうように、ギャンブルには世界の仕組みと未来が凝縮しているように私も感じます。

その境地に辿り着いた時、公営ギャンブルは人生そのものであり、たとえ負けてもその対価に充分見合う収穫があったと思えるようになるのです。

と、偉そう書いたところで、しょせん負け犬の遠吠えかもしれませんが、でも、人生の残り時間が少なくなった熟年世代の方々は、そんな境地をめざしてみるのも、明日の頑張りのための小さな目標になるのではないでしょうか。

この境地には本当に人生の酸いも甘いも噛み分けた大人でなければ達しません。だからこそ本書は大人のために書かれた公営ギャンブル入門なのです。

†もうひとつの解

さて、ここで突然ですが、クイズです。

「一＋一」の答えは？

ほとんどの人は、苦笑しながら「二」と答えると思います。そしてその解答は間違っていません。しかし、違う答えもありえるということをご存知でしょうか。そんな馬鹿な、と笑うかもしれませんが、今ここでそれをご覧にいれましょう。

スマホのアプリでも良いので、電卓をご用意ください。そして「一＋一＝」と打ち込んで、故障していないことを確認してください。「二」と出れば正常です。

では、一という数字を三で割り（表1①）、つぎに三を掛ければ一に戻ります（表1②）。当然ですよね。つまり「一」という数は表1②に分解できるということです。

よって一＋一＝二は表1③のようにも分解することができます。ところが、これを電卓

表1

① 1÷3=1/3	② 1÷3×3=1
③ 1+1=(1÷3×3)+(1÷3×3)	
④ 1÷3×3M+(メモリプラス) 1÷3×3M+ MRC(メモリイコール)	

で計算するとどうなるか(表1④)。あなたの電卓は「二」と表示しましたか?

理論的には「二」ですが、一般的な電卓ではそうはならない。そこには「一・九九九九九……八」という数字が表れているはずです(電卓のディスプレイの桁数によって「………」の部分に表示される九の数が変わります)。

数学的な証明やデジタル計算機の端数処理といった難しいことを抜きにして結果だけを見たならば、そこには一・九九九九九……八という、厳然と「二」ではない数字が表示されています。

おわかりでしょうか。一+一の答えは「二」だけではないのです。この事実は小学一年生でも分かる算数の原則中の原則にも、実は、オルタナティブな解答、もうひとつの別の選択肢が存在していることを教えます。

長い前振りになりましたが、私が公営ギャンブルに魅せられるのは、こうしたオルタナティブが常に現れる点にあります。もうひとつの別の解答を常に探し求めなければならないのが公営ギャンブルの奥深い魅力であり、厄介な魔性であり、そして人生をこじらせた熟年世代の人間に向いていると、私が考える理由でもあります。

一＋一のもうひとつの解、「一・九九九九九………八」を「屁理屈だ」と失笑したり、腹を立てる読者もいるでしょう。たしかにこのクイズの答えは「屁理屈」です。しかし世の中には「屁理屈」で解釈しなければ納得できない事象も多くあります。

熱愛の末に結婚した妻が今では口もきいてくれない。なぜだ。

高い入学金や授業料を負担して大学を卒業させた息子が就職せず引きこもっている。なぜだ。

大事なデータを保存した時に限ってパソコンが故障する。パソコンに続いてスマホもプリンターもエアコンも冷蔵庫も次々と故障した。なぜだ。

新しいスーツを着た日に路上で転んで破いてしまった。なぜ……。

そんな時には、誰でも落ち込んで、向かう相手もいないのに腹が立ったりします。

俺の何が悪かったのか？

これはただの悪運なのか？

ツキがないということなのか？

そのとおりです。運が悪い。ツキがないのです。ですが、「運」「ツキ」という言葉が頭に浮かんだ段階で、あなたはギャンブラーの資格があります。

「ツキ」という言葉は、私は究極の「屁理屈」だと思っています。しかし、「屁理屈」にもほんのわずかな真実が宿っています。「一＋一＝二ではない」という解答のように。

一〇〇％間違いないと思った事象の結果が違った。

データの分析をして絶対と思った予想があっけなく外れた。

その理由もまるで分からない。

そんな出来事は、人生において一度や二度ではなく、あなたにもあるでしょう。

公営ギャンブルには、そのように思える事例が何度も、繰り返し起こります。

公営ギャンブル場に行くと、一日の開催で一〇回から一二回のレースが行われます。そのレースの多くで、自分の考える「当然の解答」とはまるで違う、「オルタナティブな結果」が現れるのです。

それはつきつめていくと「運」や「ツキ」の支配によると結論するしかありません。だから「運」や「ツキ」について深く考えるには、公営ギャンブルは格好の場なのです。

日本でギャンブルにおける「運」「ツキ」を重要な要因に位置づけたのは阿佐田哲也だと思われます。私は高校生の時に角川文庫に収録された阿佐田の代表作『麻雀放浪記』を読んで人格形成に決定的な影響を受けました。

巷間よく言われるように『麻雀放浪記』は『宮本武蔵』や『ああ無情（レ・ミゼラブル）』のような教養小説・成長小説とは真逆のベクトルを持つ「イカサマに騙されるほうが悪い」を主題とした悪徳小説（ピカレスク・ロマン）の傑作です。

その序盤で阿佐田は技術の巧拙の要素が小さいサイコロ博打・チンチロリン（三個のサイコロを丼に落として出目を競う庶民ギャンブル）に「サイの目の流れ」「ツキの流れ」「運の限度」など熟練の経験者にしか語れない理屈で、勝敗予想を見事に理論化しました。

ギャンブルの勝ち負けには「ツキ」「運」という実体のないエネルギーが作用しており、それらのいま現在の「流れ」を自分で測定しながら賭けねば勝てないとするのが阿佐田の「ツキの流れ」理論です。

彼の小説に、こんな形で出てきます。

「私は、サイの目の流れとその次に現れる結果を周到に観察していた。たとえば、胴が五ビン（強い目五を出しながら小方に負ける）の場合、運が落ち目で次回には弱い目が多い」「健は又、私に向かってこういった「俺にゃァ自分の運の限度ってものがわかってる。（略）だから限度まで運を使って勝ったら、その晩はさっとやめちまうんだ。商売だからな」「なるほどね――」と私はいった」（『麻雀放浪記(1)青春編』）

†ギャンブラーの思考

また阿佐田哲也はルーレットを題材にした短編「ラスヴェガス朝景」にも、こんなふうに書いています。

「（ルーレットにおいてディーラーと客の間で）戦う内容は具体的には心理のかけひきなンだが、にもかかわらず、当たるのは運なンだ。そう思わなくちゃいけないンだ。それは説明がむずかしいな」

麻雀のみならずあらゆるギャンブルに精通した阿佐田の言葉には、真理に近い重みと説得力が感じられます。しかしちょっと距離をおいてこれらの言葉を眺めると、それは長年の経験から導き出された「屁理屈」ではないかと思えます。なぜなら、どこまで追求しても「運」と「ツキ」の「流れ」には科学的合理性も実体もないからです。

私は三〇代の頃から約三〇年間、公営ギャンブルをやってきましたが、いつか自分にも向いてくると考え続けた「ツキの流れ」はついにやってきませんでした。それを今になって思い知っているわけですが、でも後悔はしていません。なぜなら、公営ギャンブルの「学びの場」がとても楽しかったからです。

ギャンブルは魔物です。

ギャンブルによって最悪の場合、社会的立場ばかりか命まで失ってしまう人もいます。本命決着で崩れなしと予想した鉄板レースに、自分の生活や会社の命運がかかる持ち金のすべてを投入し、結果が外れてしまうケースです。

幸い私の直接知る人でそのような非運に見舞われた人はいませんが、本命鉄板と皆がいうレースで、本命が上位入線しなかったレースは山のように知っていますし、一レースで一ヶ月分の生活費を失った人も知っています。

同じぐらいの金額を違法な麻雀テレビゲームですってしまった人も知っています。

ギャンブル好きが高じて生活費を失い、奥さんに離婚を告げられた人も知っています。

その程度の不運なら日常的に起きるのがギャンブルです。ギャンブラーと呼ばれる人は、その不運を熟知した上で賭けを楽しみ、「運」や「ツキ」を味方にしているのです。

†〝魔物〟に対峙するための屁理屈力

しかし、本書は読者のみなさんにそうしたハードなギャンブラーになれと勧めるものではけっしてありません。

むしろギャンブルのジャンルの中にも超ソフト・超スローな、これぐらいなら損をしても負けてもあまり人生にとって痛くない競技があると書こうと思っています。

そのジャンルこそが「公営ギャンブル」なのです。ソフトでスローなギャンブルでも、そこには先ほど書いたような「理屈」だけでは解釈できない、魔物のような不幸現象はよく起こります。

一＋一＝二という「理屈」を、一＋一≠二という「屁理屈」が超える瞬間があるのです。とくに公営ギャンブル場では頻繁に起こります。

それを目の当たりした時の「なぜだ⁉」という気持ちを静めるために、人は「屁理屈」を作り出します。そして「屁理屈」こそ、この世界を支配するもっとも強力なルールだと考えるようになっていきます。

むしろ「屁理屈」に慣れ親しみ「屁理屈力」を身につけることが、人生を強く逞しく生き抜くための知恵なのです。そして「屁理屈力」を得るもっとも有効な「学びの場」こそ、公営ギャンブル場だと私は考えます。

かつて織田信長の時代には「人間五〇年」と言われていました。人の寿命が五〇歳程度だった時代があったのです。今では「人生一〇〇年時代」といわれるようになりました。寿命が延びることはとても良いことです。しかし人間、五〇歳、六〇歳を超えるとなにかにつけ自分の弱さや世界の不条理を感じるようになります。

だからこそ私は五〇代、六〇代から公営ギャンブルに入門してはどうかと考えました。公営ギャンブルにおける「屁理屈」とは何か。それはこの本を通してたっぷりとお伝えできると思います。

人生に疲れを感じ始めている人、すでに疲れている人、新しい趣味を始めてみたいと感じている中高年は、騙されたと思って本書を読んでみてください。

新しい世界が、そこに広がるかもしれません。

第一章　なぜ今、公営ギャンブルを勧めるのか

†公営競技は四種類

まずは「ギャンブル（公営競技）」という言葉について基本の基本について解説します。この本を手にする多くの人は公営ギャンブルについて漠然とした知識しか持たないとの前提の章です。なので本当に一から解説します。

もちろん読者の中には公営ギャンブル歴の長い方もおられると思います。すでに知っている方には必要がない部分なので、ページを飛ばしてもかまいません。あるいは斜め読みで先に進んでください。

疾走する馬は美しい

公営ギャンブル、または公営競技と呼ばれるのは「地方競馬（以下、競馬。特別な場合以外はJRA日本中央競馬会以外を指します）」「競輪」「ボートレース（以下、競艇）」「オートレース」の四種類です。

この四つは「競馬法」「自転車競技法」（一九四八年制定）、「モーターボート競走法」（一九五一年制定）、「小型自動車競走法」（一九五〇年制定）のそれぞれを根拠法として投票券の発売が認められ、実施規則が細かく決められています。法文ではそれらはあくまで「競技」「競走」ですが、投票券を購入し、的中すれば現金が払戻し（配当）されるため国民から「ギャンブル」と認識されています。

スターターの号砲を待つ選手たち

パチンコは直接現金の払戻しをしておらず、景品を提供し、第三者がそれを現金で買い取っているので、厳密にはギャンブルではありません。風営法を根拠法とし、法文では『遊技』と規定されています。

競馬は馬（競走馬）、競輪は自転車、競艇はモーターボート、オートレースはオートバイを走らせ、楕円形のコースを周回してゴール入線の着順を競う競技です。コースの形状・距離・周回数は競技によって異なり、路面の材質も砂・アスファルト・水（淡水・海水）と違います。全国各地に競技場があり、ローカル地上波、CS放送、ケーブルテレビやネット配信でも見られます。大きなレースは地上波キー局やBS放送で

豪快に水しぶきがあがるターンの攻防

中継されることがありますが、インターネット動画配信などが充実した近年は、地上波のテレビ放送は少なくなりました。

ちなみに、勘違いしているビギナーの方も多いと思われますが、毎週末に開催があり、テレビで中継されているＪＲＡ日本中央競馬は「特殊法人」が主催し、「公営」ギャンブルではありません。なので本書ではＪＲＡの競馬について、比較対象として言及することはあっても、くどくどとは書きません。

ただし、本書を参考にしてＪＡＲの競馬をこれまで以上に楽しむことはできると思います。

†投票券の種類

時速100キロの遠心力に耐えるコーナーワーク

なぜ「公営」か、何が「公営」か、ということは後回しにして、なぜそれが「ギャンブルか？」から入ります。

どの競技も、一着から三着までを様々な賭《か》け式《しき》で予想する「投票券」と呼ばれる券や権利（電話・ネット投票の場合）が発行されており、客が上位入選者を予想し投票券を購入して当たり外れを楽しみます。

賭式と呼ばれる投票券の種類は、どの競技も「単勝」「複勝」「枠連勝単式」「枠連勝複式」「二（番）連勝単式」「二（番）連勝複式」「三連勝単式」「三連勝複式」「拡大連勝複式（ワイド）」でほぼ揃っています。

「単勝」は一着のみを予想します。最初にゴールに入線した番号ひとつだけを当てるので、

表２

	地方競馬	競輪	競艇	オート	内容
単勝	○	×	○	○	1着のみを予想
複勝	○	×	○	○	3着まで入線する馬・選手をひとつだけ予想
枠連単	○	○	×	×	1着と2着になる「枠番」を順位どおりに予想
枠連複	○	○	×	×	1着と2着になる「枠番」の組み合わせを順位に関係なく予想
2連単（2車単）	○	○	○	○	1着と2着の馬番、車番、艇番を順位どおりに予想
2連複（2車複）	○	○	○	○	1着と2着の馬番、車番、艇番を順位に関係なく予想
3連単	○	○	○	○	1着から3着までの馬番、車番、艇番を順位どおりに予想
3連複	○	○	○	○	1着から3着までの馬番、車番、艇番を順位に関係なく予想
ワイド（拡連複）	○	○	○	○	3着まで入線する馬、選手のふたつを予想

もっとも分かりやすい賭式です。ただし、必ずしも当てやすい投票ではありません。競馬のように、一レースに一〇頭以上が出走する場合は、的中させるのがかなり難しくなります。

レースに出走する馬・選手には実力差があり、実力上位の馬や選手には投票が集中します。これを「人気になる」と言います。そうした人気馬、人気選手は一着になる可能性が高い反面、投票が的中しても配当は安いです。払戻金は売上（の七〇～七五％）を的中した投票券の枚数で割るので、人気があれば配当が安くなるのは当然です。

逆に人気薄への投票は高配当が期待できます。それを「穴を狙う」といいます。

人気があり、当たりやすいと思われる投票券は配当が安く、人気がなくあまり買われていない投票券は高額配当が見込めます。ギャンブル場で投票券を買う人の心の中では、この「安い払戻しを狙う人気サイドか、高配当の穴狙いか」というふたつの方向性が激しく葛藤します。ただし最初は、人気か穴かなど考えず、まずは的中させることのみ考えたほうがいいと思います。

「複勝」は競馬では一～三着のどれか、競艇は一～二着のどちらかに入る番号をひとつ予想します。三着でも払戻しがあるので、当てやすいものの、配当はすべての投票券でもっとも安いです。なので公営ギャンブルではあまり売れない賭式です。

「二連勝単式（二連単）」は一着と二着を着順通りに予想します。競輪や競艇では古くから導入されていました。馬や選手の実力が拮抗して、予想が立てにくいレースでは高配当になることもあります。

「二連勝複式（二連複）」は一着と二着の番号を予想します。着順はどうでもよく、一・二着のふたつの番号を当てればOKです。配当は「単式」に比べれば安いです。

競馬、競輪には連勝の投票で「枠番連勝」と「馬番連勝」「車番連勝」があります。競馬では多頭数の場合、すべての馬が二頭か三頭セットになり「枠番」を与えられ、競輪では九車立てレースで四番以降が、七車立てレースで六番以降が二車セットで「枠」になります。

競艇とオートレースはそれぞれ六艇、八車または七車なので、枠番＝選手の番号です。「枠番」は公営ギャンブルが開発された当初、投票券の当てやすさを創出するため、能力の高い競走馬や選手を内枠に置き、一頭、ひとりの番号（単枠）とし、外枠になるにしたがって実力差で劣る複数選手をまとめて投票できるようにした制度です。競争馬や競技者の実力や経歴に関する情報が希薄だった時代は、枠の順番によって実力が判断できるように番組を作ったのです。

しかしレース予想の情報が充実し、競走馬や競技者の能力差が理解しやすくなった現在、各馬、各選手に振り当てられた馬番、車番の投票が人気になりました。それによって枠番制度は、昨今は流行らなくなりました。

枠番で買う人は、馬や選手の実力ではなく、サイコロ博打のような偶然の番号の並びに期待した賭け方（いわゆる『出目買い』）をしている人も多いようです。

またどうしても予想ができない時、枠で買ってみるのもひとつの手です。一枠＝白、二枠＝黒、三枠＝赤、四枠＝青、五枠＝黄、六枠＝緑、七枠＝オレンジ（橙）、八枠＝ピンク（桃）という色分けが決まっているので、その時の気分で好きな色や番号に賭けてみる方法です。

「三連勝単式（三連単）」は一・二・三着を着順どおりに、「三連勝複式（三連複）」は着順に関係なく三着までの番号を予想する投票です。競馬や競輪の「三連単」「三連複」に枠番はありません。

「拡大連勝複式（ワイド）」は三着までに入線した二つの番号を予想します。順位は関係ありません。現在ではすべての公営ギャンブルに「ワイド」が採用されていますが、競輪七〜九車、競艇六艇、オート八車という少ない枠数でワイド投票券を的中させても高配当にはなりません。なので公営ギャンブルにはあまり向いていない賭式です。中央競馬のように一八頭などの多頭数で行うレースの場合において初めて意味のある、魅力的な配当額になる賭式です。

†予想、現金払戻し、控除率が「ギャンブル」の条件

投票が的中すれば代金の数倍が「払戻金・配当」として購入者に支払われます。外れれば支払いはなく、購入額の分が「負け」になります。

的中が続いて払戻し額が購入額を上回れば客の「勝ち」であり、こうした現金のやりとりと増減が可能な競技ということで、前出の四種はギャンブルである、という定義になります。

ちなみに的中すると「商品」がもらえる条件では「ギャンブル」になりません。あくまで「金銭」を賭けて投票し、「金銭」が払戻されるから「ギャンブル」なのです。

このように気軽に現金あるいは銀行口座の残高がやりとりされ、増減するところに「ギャンブル」の依存性の高さや危険性があり、よって、国が法律で規制する対象になってい

るわけです、
　また「宝くじ」のように基本、自分で勝ち番号を予想できなかったり（「ＬＯＴＯ」のように、自分で番号を決める宝くじもありますが）、売上のうち当選金に配分される割合の少ないものは「ギャンブル」でなく「くじ」になります。

　少し詳しく説明すると、公営ギャンブルでは投票券の売上のうち、七〇％〜七五％が的中投票券の払戻しに充てられ、これを「払戻率」といいます。払戻しを除いた残りの金額が選手等の賞金や運営経費、主催者の収益などになります。つまり投票券の売上（賭け金）のうち二五〜三〇％を主催者が天引きするわけです。

　この主催者側の天引き分を「控除率」と言います。「払戻率」＋「控除率」＝「投票券の総売上」で、「払戻率」七〇％以上が、ギャンブルの条件です。

「宝くじ」の場合は当選金に充てられるのは五割以下、四七％程度です。天引きされる金額の四割近くは発売元の自治体に納められ公共事業費に充てられます。つまり我々が一獲千金を狙って買う「宝くじ」の購入額の半額近くは最初から公共事業費です。この事実があるために公営ギャンブルファンは「五割天引きの宝くじなんてアホらしくてやってられねえよ」と考えるのです。

公営ギャンブルの二五〜三〇％にしても高すぎるとの議論がありました。ところが競輪とオートレースは二〇一二年に払戻率の下限を七五％から七〇％に引き下げ、多くのレースを控除率三〇％に設定したことでファンのブーイングを浴びました。

これは公営ギャンブルの売上が低迷する主催者（自治体など）救済のための改革で、とくに西日本では競輪開催の売上が厳しいので開催維持のためのやむを得ない措置でした。

公営ではないですがＪＲＡは控除率を二〇％まで引き下げる特例のレースを行っています（払戻率は八〇％）。それは前記のように控除率が高過ぎるとする批判に対する対応で実施されました。売上が公営競技とはケタ違いなギャンブル界のガリバー・ＪＲＡだけができる対応です。

ただ、それによって払戻金が目立って高くなるような感覚はまったくありません。もともと一レースの売上額が大きいＪＲＡでは、払戻金の五％増減は個人単位に配当される額では微差にしかなりません。そもそもギャンブルをする客にとって重要な点は投票が当たるか外れるか、それだけなので、払戻金が五％増えても、投票券を的中させなければまったく意味はありません。投票が極端にひとつの番号に偏り、単勝、または二連単の払戻しが一・一倍程度、つまり一〇〇円投票して配当が一一〇円程度しかつかない事例は公営ギャンブルにはよくあります。

これらの要素を総合して「ギャンブル」の特徴を定義すると「自分で予想して投票・購入」「現金で配当され」「払戻率が高い」の三点を兼ね備えているゲームということになります。そこで、まずは「自分で予想を立てて、儲かるように投票券を購入する」のが公営ギャンブルの入口になります。

多くの人が公営ギャンブルに強く興味を持たない理由は、私が思うには、それらの競技を見て「自分で予想を立てる」手順が分からないからだと思います。公営ギャンブルはビギナーが一度や二度、目の前でレースを見てもルールや展開が分かりにくいし、当てにくいと思います。

とくに地方競馬とオートレースはレースのプロセスを理解するのに時間がかかり、勝ち負けを予想する要素として観客にオープンにされていないデータが多いので、とても分かりにくい。逆に、ギャンブル場に足繁く通っていれば、ビギナーには見えない、レースを左右する要素がよく見えます。近所に住んで、頻繁に足を運ぶ人だけにできる予想があるのです。

しかし、そんなことを言っては「当たらなくてつまらないから公営ギャンブルには行くな」とほのめかしているようなものですよね。それではこの本の意味がありません。

なので本書では、できるだけ「自分で予想を立てるための手順」が分かるように説明したいと思っています。といっても、公営ギャンブルはなかなか的中しないのですが、仕組みが分かれば競技の面白さが分かり、投票券を購入する楽しみは大きくなります。そして、公営ギャンブル場に足を運ぶことが楽しくなると思います。

†公営ギャンブルが合法である合理的理由

ところで、私が「ギャンブルは楽しい」と書くと、強く反発する人もいると思います。

まず、日本では基本的にギャンブルは違法とされています。なぜでしょうか。

刑法一八五条でこうあります。

「賭博をした者は五十万円以下の罰金又は科料に処する。ただし、一時の娯楽に供する物を賭けたにとどまるときはこの限りでない」

また同一八六条に以下のようにあります。

「常習として賭博をした者は、三年以下の懲役に処する。二　賭博場を開帳し、又は博徒を結合して利益を図った者は、三年以上五年以下の懲役に処する」

以上の条文により、日本でギャンブルをした者は単純賭博罪、常習賭博罪、賭博場開帳図利罪などに問われることになります。この刑法上の賭博罪に対し、公営ギャンブルは「競馬法」「自転車競技法」「モーターボート競走法」「小型自動車競走法」などの根拠法にもとづいて特例的に合法化されています。

刑法で否応なく「賭博は罪」とされていますが、そもそも刑法で規定される「賭博」とは「その勝ち負けが偶然の事情、当事者が確実に予見または自由に支配することができない事実にもとづく」勝負事とされています。

公営ギャンブルは根拠法令名にあるようにあくまで「競技」「競走」であり、出場までのプロセスや成績の記録・提示義務などが法律で決められて、「勝ち負けが偶然の事情、当事者が確実に予見または自由に支配することができない事実」にもとづかない競技である、という合理的理由によって開催が認められています。

†「にもかかわらず、運なンだ」

その意味では公営競技は「ギャンブル」といっても本来あるべき「偶然の支配」は希薄

で、むしろスポーツのようにデータによって科学的に結果を予見できる要素が強いイベントのはずですが、それでもいくら番組表の選手成績とにらめっこしても順位予想が当たらないものは当たらないわけで、ここに阿佐田哲也の言うところの「にもかかわらず、当たるのは運なンだ。それは説明がむずかしいな」(「ラスヴェガス朝景」)という不条理な感覚が強烈に横たわっています。

データだけでは結果が予測しきれないからこそ、公営競技も「ギャンブル」なのです。ただ、法律で禁じられている以上に日本人にはギャンブルは危険なもの、反道徳的なものというイメージがあるようにも思います。なぜかといえば、日本ではこれまで非合法であったカジノや丁半・手本引きなどは、多額の元手金を必要としたからです。その大金を注ぎ込み、大儲けか大損しかないという究極的なハイリスク・ハイリターンが、庶民の反感の根源にあるのでしょう。

カジノはIR実施法によって限定的に合法化されましたが、日本人は入場するだけで六〇〇〇円徴収されるなど、遊びの前から結構な料金がかかるよう規定されています。それでもいまだ反対の声が大きいのはカジノの場合、施設内で動く金額が大きすぎることに対する警戒と反発と思います。大金の動く場所には必ず利権が生じ、賄賂《わいろ》など反社会行為が横行するからです。ただ、その反発心にはカジノに出入りできる富裕層への嫉妬心も混じっているような気もします。正味のところ、日本国内にできるカジノは私を含めたお金のない人間にはまったく縁のない施設じゃないかと思うのですが。

パチンコはギャンブルではなく「遊戯」の範疇《はんちゅう》に位置づけられますが、今では少なくとも一万円や二万円の現金等を持っていなければ始められません（パチンコの景品買い取り三店方式も考えてみればだいぶ無理くりな「屁理屈」ですが、ここでは置いておきましょう）。

しかし非合法カジノや丁半は、少なくともその一〇倍は必要でしょう。もともとギャンブルは金持ちのための遊びなのです。金持ちに許された遊びなのに、貧しい庶民が手を出したり、金持ちが破産するまで負け続けたりして、生活が破綻、人生が破壊される、そんなイメージがギャンブルにはあります。依存症になるとの主張も間違いではありません。

†人間に優しい公営ギャンブル

ところが公営ギャンブルは賭け方によっては、人生の破綻には至りません。

理由はいくつかあります。

まず第一に、公営ギャンブルは発売される投票券の最小単位が一〇〇円です。そして投票券一枚だけ買っても、とくに誰からも何も文句を言われません。反社会勢力が非合法に開帳するカジノや丁半博打の場で、一〇〇円玉一枚を賭けたら、間違いなく関係者に「テメエ、舐めてんのか？　ここがどこか分かってんのか⁉」と凄まれることになります。

ところが、公営ギャンブル場では一〇〇円で投票券を一枚だけ購入しても、誰も怒らず、平等に客として扱ってくれます。そもそも投票券を自動券売機で発券する施設が多くなって、人間（販売員）との対面販売はありません。投票券を買う相手は、機械です。誰もあなたの財布を見ていないので一〇〇円だけ買っても恥ずかしくありません。

一〇〇円の投票券を一枚買って、当たっても外れても、その出費のみで家に帰る。それならば、誰からも責められることはないでしょう。当然、一〇〇円の賭け金で首吊りするとか夜逃げするとか、ほとんどの人は考えもしないでしょう。

ではその一〇倍、一〇〇〇円の出費はどうでしょう。一〇〇〇円損をしたらかなりがっかりする人もいるでしょうけど（私はそういうタイプです。だからこの本を書いています）、一〇〇〇円すったところで、命や健康は損なわないと私は経験上、考えます。おそらく一〇〇〇円をケチる人は、この本は買っていないでしょう（図書館で借りて読んでいる方には申しわけありません）。

たしかに一〇〇〇〇円といえど損は損ですが、生活を脅かすほどではないでしょう。

しかし一〇〇〇〇円を失った経験からなぜ自分は負けたか、合理的に理解するため「屁理屈」をものすごい勢いで考えぬきます。その「屁理屈」から得る含蓄はかなり大きいものです。この本に書く内容も、まさに公営ギャンブルから得た「屁理屈」なので、私は遠回しに公営ギャンブルから報酬、すなわち原稿料を得たことになります。

つまり公営ギャンブルをやっていれば、その日その日の投票券では損をしても、なにかしら得るものはあるのです。私に限っていえば、公営ギャンブルで損をした生涯総金額はこの本を一冊書いて取り返せる額ではありませんが、少しは補塡できます。岩波新書『大往生』（永六輔）や新潮新書『バカの壁』（養老孟司）ぐらいのベストセラーになれば、私にも才能があったことになるでしょうが、残念ながらそれほどは売れないと過去の経験値から自分で予想しています。

第二に、公営ギャンブルの投票機会には限りがあります。つまりひとつの競技場では一日にだいたい一二レース程度で終了するので、それ以上は賭けられません。最近ではひとつの競技場内で他場のレースを場外発売しているケースもあるので、必ずしも目の前で行なわれるレースだけに投票するわけではないのですが、海外の合法カジノや歌舞伎町などの違法オンラインカジノのように二四時間ずっと開いているわけではないので、深夜までには投票できなくなります。

要するに、公営ギャンブルには終わりがあるのです。だから正気を失い気がついたら底なし沼にはまって全財産をすっていた、というような災難も起こりにくいのです。「もっと遊びたいのに」と思っていても、競技場が閉場するともう賭けられません。

スマホで全国の賭博場にネット投票できる人は別ですが（ネット投票のためのナイター開催がかなり遅い時間まで行われています）、ギャンブル場のみで遊ぶのなら、最終レースが終わればその日のギャンブルは終わりです。これも人間に優しい仕組みといえるでしょう。金持ちではない人、頑張りのきかない中高年にはとくに優しい設定です。

最終レースが終わり、負けたオジサンたちがうつむいて三々五々ギャンブル場を後にする姿、その中に自分が紛れるのは、なんともいえない哀愁があり、まるで映画の登場人物になった感覚に浸れます。勝って儲かれば当然、ヒーローの気分ですが、負けてもなにか、私小説の主人公のような気持ちになれるのが公営ギャンブルです。

公営ギャンブルのメリットは、一〇〇円単位の現金で参加でき、適当なところで切り上げられるソフトでスローなギャンブルである点です。

しかも本書を読んでこの道に踏み込む人は、人生の破綻に至るまで賭け続けることはないと思います。そもそも最初から「勝てない」と教えているのですから。

「人間」に賭けるから面白い

もうひとつ、公営ギャンブルが魅力的なのは、賭ける対象が人間だからです。厳密にはギャンブルではありませんが、パチンコやパチスロは相手が機械です。パチンコの釘だとか、パチスロのＲＯＭだとか、人間の技巧による手加減が加わる要素はあるにせよ、機械はいったん稼働を始めるとインプットされたプログラムを画一的に動かすだけで、勝ち負けは数学的確率の中で決まります。

ところが人間は違います。人間は一日の中で気分や体調の善し悪しがあり、環境の変化や時間で、その感覚は常に微妙に変動します。また周囲の人間との関係があり、経済的事情があります。直前に口にした飲物が美味しいか不味いかだけでも、その後の行動に甚大な影響が現れたりします。

ことに競輪はそうしたうつろいやすい人間が自力で自転車を漕いで順位を競う競技です。選手の気分や体力の一瞬一瞬の変化が如実にレース結果に反映されます。当然それによって、着順の入れ替わりが生じるわけです。

競艇やオートレースは、エンジン付きの乗り物を人間が操縦する競技です。しかし、エンジンなどの整備を行うのは人間で、レースの中の梃やマシンの操縦も人間です。

競馬も馬が勝手に走っているわけではなく、調教師という人間が訓練した馬を、騎手という人間が乗って操縦し順位を争います。すべてが競輪と同じように、人間を理解しない限り、レースの結果を予想できないのです。

この「人間」という要素を分かっていないと公営ギャンブルの理解はできません。そして人間の理解ほど難しく、面白いものはありません。

本書を手にされる方には、読書が趣味の方も少なくないでしょう。読書の醍醐味、とくに小説、文学作品にふれる経験は人間という存在の理解を除いて語ることはできません。

小説の数だけ描かれる人間がいて、そこに今まで理解できなかった新たな人間の内面が描かれて我々に驚きや感動や恐怖や不条理を教えてくれます。描かれる人間像が理解不能なものであっても、そこにリアリティを感じさせるのが優れた文学作品です。

ただ、小説というフィクションの中に生きる人間は、作者によって因果関係を説明され、種明かしもあり、そして我々は実生活とは違う虚構世界として楽しみ、許すのかもしれません。

同じように人間のドラマが公営ギャンブルにはあります。人間がする競技だからこそ、そこに驚きや感動や不条理があるわけです。そして結果についての種明かしはありません。それはレースを予想した人間が自分で解釈するしかないのです。

新聞の予想で無印だった選手が勝ってしまったり、本命選手が二着なら許せたのに三着だったり。その微差の理由は説明されないし、誰も解明できません。だからギャンブルの達人は、それを「運」か「ツキ」とかの言葉で表現するのです。

ところが公営ギャンブルでは着差がほんのわずかでも、一着と二着、二着と三着、三着と四着には雲泥の差があり、そのわずかな着差は、馬券や車券、舟券を買った客の人生にものすごく太いくさびを打ち込んできます。

ほんのわずかな金銭しか賭けていなくても、その差によって予想が外れれば、私の気分はどん底まで落ち込みます。

コノヤロー、こんちくしょうです。逆もあります。

保険として押さえておいた人気薄の番号で決まって、想定外に儲かったり、一点勝負の投票が見事に決まったりすると、本当に自分は天才ではないかと思えます。

俺はツイてる。俺はギャンブルの天才だ。でも、そんな気分の絶頂は一瞬だけです。必ずそのあとのレースで外します。賭けるレースのすべてが当たる人は確実に天才ですが、そんな人はいません。いるはずがありません。そのように、当たり外れで気持ちが大きくアップダウンするのも、私たちが人間だからです。

レースにおける選手＝人間たちの戦いの結果は、投票した客にも影響し、その人の気持ちを大きく動かします。出場選手の心理と投票する客の心理状態は確実に連動しています。つまり、レースには選手と客の戦いという面もあるのです。ギャンブルとは賭ける側と賭けられる側の心理戦なのです。

だからいかにして選手＝人間を理解するかが投票券購入の重要な要素になり、そこにも公営ギャンブルの醍醐味はあるのです。

†「人間を読む」のが公営ギャンブル

公営ギャンブルの選手、競馬の騎手や調教師など裏方も含めて、彼らはごく狭い業界の中で生きる同業者であり、かつ収入源（賞金）に互いに干渉しあう商売敵《がたき》でもあります。プロ投票する客以上に、誰かの優勝や上位入線が誰かの収入減に直接つながるのです。

なんだから仕方ないだろうとの意見もあるでしょうが、勝っても負けても、人間としてそれを当然のように冷徹に見過ごせますか？　しかも開催期間中（三日〜六日程度）、選手は同じ宿泊施設に缶詰めにされています。その宿泊所の中でなんらかの人間関係が発生し、ドラマが起きてもおかしくないと思われます。

誰かが「金に困ってるんだ」と漏らしたひと言が、誰かの心理に影響しているとか、「あいつは絶対に勝たせない」と殺気立っている声が耳に飛び込んできて、勝負どころでわずかなためらいが生まれるとか、人間だからほんの少しの他人の言葉が大きく影響することがありますよね。

私にも提出した原稿を編集者にお愛想で誉められて舞い上がったり、異性にLINEしたのにまったく返信がないだけで一日じゅう暗い気持ちになったり、小さな言葉のやりとりのある無しやその印象で、メンタルに大きな波が生まれることが日常的にあります。「人間だもの」と誰かが言いましたが、公営ギャンブルにおいてはそのように微妙にうつろっている精神と肉体がレース開始の時間になると一線に並んで号砲とともにスタートし、順位を競うわけです。たった数分で終わるレースとはいえ、結果が機械的に動いているものと同じわけがないのです。

そこに、序章で書いた科学的データ分析とは違ったオルタナティブな結果が現れる余地や誤因があるわけです。

それが公営ギャンブルの面白味であり難しさであり、魔性であるとも言えます。「選手の体調とか精神状態とか、わかるわけねえだろう!」と普通は思いますよね。本当にそうです。だからこそ客は予想を外したあとでいろいろと「屁理屈」を考えるわけです。この「負けて屁理屈を考えさせるプロセス」こそ、公営ギャンブルの真の醍醐味といえます。そこには文学的で哲学的な思索があるからです。

ギャンブルで儲けられないなら、ぜんぜん面白くないですって?

いや、まったく逆で、面白いでしょう。だって目の前でそれぞれ文学的内面を抱えた選手たちが哲学的命題を争うわけですから、本読みの好きな方ならば、こんな面白いものはないはずです。そしてその部分に想像力を馳せることで公営ギャンブルの真の魅力に到達できるのです。

こうした抽象的で哲学的な作業にハマるためには、人間はある程度、年齢を経ていないと無理だと思います。よって多くの文学作品や哲学書に親しんだ中高年のほうが共感を得やすいでしょう。

だからこそ、公営ギャンブルは五〇代、六〇代以降に始めるべきなのです。

†「公」＝地方自治体がギャンブル場を開帳する理由

さて、公営ギャンブルの「公営」について後回しになりましたが、ここから説明します。「公営」の意味は、「公営住宅」や「公営市場」などと同じように公の機関、都道府県区市町村など自治体が経営・管理していることを意味します。

辞書には「公営競技」の項目もあり、そこには「地方自治体が賭博として運営できる競技である競馬、自転車競走（競輪）、小型自動車競走（オートレース）競艇の総称」と明記されています。これは「広辞苑　第七版」（岩波書店）の引用ですが、「地方自治体が賭博として運営できる競技」という表現はなかなかすごいですね。

しかしなぜ、地方自治体が賭博に手を出さなければならなかったのでしょうか。

現在ある四種の公営ギャンブル、「地方競馬」「競輪」「競艇」「オートレース」のなかで、太平洋戦争以前からの歴史があるものは「地方競馬」しかありません。

日本に西欧スタイルの近代競馬が入ってきたのは古く、江戸時代末期に外国人居留地で行なわれたと言われています。金持ちが所有する良血の乗用馬を競走させ、賞金を出し合って勝った馬の主が儲かるルールを作ったり、見物人が金を賭けたりしながら、ごくプライベートに行われていたいわば私営の競馬がルーツです。

一八六六年（慶応二年）に幕府の出資で現在の横浜市中区根岸台（当時の根岸村）に洋式の根岸競馬場が作られ、外国人によって内輪の馬券売買も行われました。

この競馬がやがて日本人有志による私設団体・競馬倶楽部の発祥につながり、それが中央競馬の主催者であるＪＲＡ日本中央競馬会へと発展します。

これとは別に、江戸時代よりさらに以前に日本各地で祭礼行事として行われた奉納競馬や流鏑馬《やぶさめ》などの騎射が源流となり、外国人の持ち込んだ競馬ルールが混じりあって明治期には日本の民間人による競馬もスタートします。

最初のものは現在の新宿区大久保三丁目にあった戸山競馬場で一八七九年に行われ、その後一九〇八年（明治四一年）、桂太郎首相の「風教維持」を目的とした馬券売買禁止令による衰退など紆余曲折を経ながら、一九二三年（大正一二年）には旧競馬法が制定、公式の馬券発売が認められ「公認競馬」として中央競馬の原点になっていきます。

続いて一九二七年（昭和二年）、農林・内務省令として「地方競馬規則」が公布、全国の草競馬が地方長官の許可制となり、ここに全国で「地方競馬」が開始されました。

公営ギャンブルの歴史に詳しい三好円『バクチと自治体』（集英社新書、二〇〇九年）によれば、その人気は公認競馬（現在の中央競馬）をしのぐほどで、戦中までの経緯は次のように書かれています。

「三五年（昭和十）年には全国で百十六ヶ所にもなった。東京では羽田と八王子で行なわれたが、とくに羽田は売上、入場人員ともに最大の規模を誇った。しかし、日中戦争の勃発により、羽田競馬場は三七（昭和十二）年の秋季開催を最後に廃止となった（略）地方競馬は三九（昭和十四）年末をもって消滅し、戦時下には同年に制定された『軍馬資源保護法』のもとに『鍛練馬競争（軍用保護馬鍛練競争）』が行なわれるようになった。東京では八王子競馬場で行われたが、いよいよ戦火が激しくなった四四（昭和十九）年をもって中止となった」

戦前の競馬の目的のひとつは軍用種牡馬の優劣選別で、中央競馬のクラシック三冠（三歳馬限定の歴史の古いGⅠレース）のひとつ、菊花賞が現在の競馬のトレンドに合わない三〇〇〇メートルもある長距離なのは、大陸などの外地で活用される軍馬にはスタミナが必要だったからとも言われます。まあ、それはそれとして、公営ギャンブルの成り立ちに戻りましょう。

そのように戦前は大衆娯楽として定着していた地方競馬は終戦直後、個人や組合などの主催によって法的位置付けのないまま開催され、「闇競馬」と呼ばれていました。

終戦で混乱した地方行政も落ち着きをみせてくると、人気のある催事を放置したままにはしておけないと一九四六年（昭和二一）に戦後の地方競馬法が制定されます。

この時地方競馬の主催母体だった各地の馬匹組合（いわば民営の競馬会社）が独占企業に当たると、占領下の支配者だったＧＨＱが横やりを入れ、競馬事業の廃止を回避するために、中央競馬は国の主催、地方競馬は地方自治体の主催とし、かつ競馬法に開催の目的として「政府、都道府県又は著しく災害を受けた市で内閣総理大臣が指定するもの（指定市という。以下同じ。）は、この法律により、競馬を行うことができる」（第一章総則第一条）と明記されました。簡単にいうと、投票券の売上の一部を自治体の戦災復興財源にするということです。この大義名分を得て、競馬は廃止の難を回避したわけです。

その時の競馬の人気と戦災復興財源調達という両面で、競馬以外でも投票券を売る競走を行えば人気が出るのではないかと、アマチュアスポーツやレジャーのアイデアを転用、再構築して生み出されたのが競輪や競艇、オートレースでした。

競馬は（ばんえい競馬を除き）少なくとも一周一〇〇〇メートル以上あるコースを要し、

新設するには広大な用地買収をしなければなりません。そのほかに厩舎《きゅうしゃ》など特別な施設がないと開催が難しいため、戦前に競馬開催の経験や既存施設がない自治体には開催が難しい競技でした。

対して一周四〇〇メートル程度のオーバルコースとスタンドを造り、自転車に乗れる選手を集めれば開催できる競輪は戦前にレース競技の施設を持っていなかった自治体にも手を出しやすい簡易性がありました。

よって地方競馬法制定の翌々年の一九四八年（昭和二三）七月に「自転車競技法」が成立すると同一一月には福岡県小倉市で最初の開催が行なわれ、一九五〇年までに六〇を超す競輪場がオープンします（二〇二三年現在稼働している競輪場は四三場）。

競輪が注目されると一九五〇（昭和二五）年には「小型自動車競走法」が成立してオートレース、一九五一年（昭和二六）六月に「モーターボート競走法」が成立して競艇が始まります。これらも競馬ほど専門性や既得権を必要としない競技として考案され、全国に施設が増えてきました。

すでにお分かりのように公営ギャンブルは庶民の娯楽であるとともに復興財源調達のために次々と設立されたのであり、戦後という時代の大きなメモリアルでもあるわけです。

戦後七十余年の中で、その時々の流行や大衆の賛否の声によって公営ギャンブルの売上動向に浮き沈みがあり、すでに廃止になってしまった施設もかなりの数になるのですが、それでも現在、地方競馬場一五ヶ所（ばんえい競馬専用一ヶ所含む、中央競馬との併用除く）、競輪場四三場、競艇場二四場、オートレース場五場が残って開催を続けています。

終戦後の昭和期に作られたレジャー施設が次々となくなる中で、公営ギャンブル場はしぶとく残っています。これはとても貴重なことではないでしょうか。

†昭和ブームの中の公営競技場

この二〇年ぐらいの間、「昭和ブーム」という言葉が盛んに使われました。主として戦後の一九六〇年代から八〇年代（一九六〇年は昭和三五年。昭和六四年・平成元年は一九八九年）にかけての文化、風俗、施設などが懐かしく暖かいものとして尊ばれ、映画、音楽、飲食、ファッションなどが雑誌やテレビ、ネットで採り上げられました。建物、産業などでいうと思いつくだけで映画館、鉄道駅、喫茶店、銭湯、団地、工場、大衆食堂、キャバレー、秘宝館などが新たにマニアを生みだすほど人気になっています。

それらはまずレトロな外観において、そして前時代的運営システムによって、またそこに集まる人々のこだわりのキャラクターによって「昭和」の気配が喜ばれたのです。

公営ギャンブル場もその意味で実に「昭和的」な場所であり、「昭和ブーム」のまっただ中に置かれるべき施設なのは間違いありません。

平成時代や令和に入ってから現代的な設計で改修され、投票券の発売もマークシートを使う自動券売機に置き換わるなど、旧来の造作やシステムが排除された施設もずいぶんありますが、今なお古めかしいスタンドが残り、投票券売場で穴場（販売用の窓口）から紙の投票券を買えるところも残っています。

また施設の内外で古くさいデザインの予想新聞が売られ、うどんや丼物がメインのおばちゃん食堂が残る施設もまだまだあります。

昭和ブームのファンにとって、公営競技場はたまらない場所に違いありません。しかし、そこを訪れたことのある人は中高年でもおそらく多くありません。理由のひとつは、公営競技場が、健全な娯楽施設としてメディアに採り上げられることがないからでしょう。メディアが扱わないために、多くの人は公営ギャンブルをそもそも知らないのです。

運営する自治体側も、積極的に広報活動をしなかったという側面もあります。「公営」は誤魔化しようのない事実であっても開催しているのはレースギャンブルで、倫理的に世間に広く知らしめるべきではないという自己否定的な考えがかつては強くあったようです。

責任者も公務員であり、世間体として前面に出たくないとか、廃止を訴える市民の声があることへの配慮、子供や学生は投票禁止の成人限定の施設という性格などから、メディアでアピールがしにくい場所だったのです。

でも、そこは紛れもない「昭和スポット」であり、ことに五〇歳以上の中高年層にとっては懐かしさと楽しさがギュウギュウに詰まった場所なのは間違いありません。

第二章でたっぷり書きますが、公営競技場は昭和世代にはとても落ち着く休憩場であり、小額のお小遣いで半日楽しめるリーズナブルなレジャーでもあります。

ゆっくりした、歴史に根ざし環境に負荷をかけないという意味のスロー・ライフ、スロー・フードなどの言葉になぞらえれば、まさに公営ギャンブルは中高年にやさしい「スロー・エンタメ」ということができるのではないでしょうか。

どこの街にもあった古い映画館や個人経営の喫茶店、銭湯などがどんどん廃業している状況に象徴されるように、令和の今、昭和世代の居場所は確実に失われつつあります。そんな中、公営競技場は間違いなく昭和世代の心の癒しの場です。だからこそ私は本書を書き、五〇代、六〇代の人々にぜひ公営ギャンブルに行ってもらいたいと考えるのです。

そして行ったからには、一〇〇円から買えるのですからぜひ投票券を購入し、レースを楽しんでもらいたい。そのために、次章では各競技の場所や仕組みを一から説明していきます。

第二章　公営ギャンブルの遊び方

この章では、四種の公営ギャンブルについて、その競技の見方、賭け方などを説明しますが、すべて的中させるのは容易ではありません。必勝法はありません。ただし競技場に行き、その場で投票券を買ってレースを見ていると楽しい気分になるのは確かです。

熟年世代になって、誰かに「競馬の馬券はどう買うの？」「競輪とか競艇の予想はどうするの？」と聞くのはけっこう気恥ずかしい行為かと思います。

そういう方に向けて、本章では私なりに分かりやすく、かつ核心的な公営ギャンブルの競技構造や予想法を書いていきたいと思います。

まず公営ギャンブル四種類の基本について説明しましょう。

現在ではインターネットの情報のほうが都合がよいという人もいると思います。それぞれの競技の総合情報サイトにアクセスして、「開催日程」や「競技場ガイド」などのタブやアイコンをクリックすれば競技場がどこにあるか、いつ開催してるかは分かります。ただし、情報サイトが教えるのはそこまでで、各競技場の特徴や遊び方については、本書を読んだほうが分かりやすいと思います。パソコンやスマホでサイトを見ながら、このあとの記述を読むのもありだと思います。

・地方競馬　https://www.keiba.go.jp/
・競輪　http://keirin.jp/pc/top
・競艇　https://www.boatrace.jp/
・オートレース　https://autorace.jp/

すべてのサイトはネット投票のサイトに紐づけされていますが、最初からネット投票はしないほうがいいでしょう。その理由は次章でしっかり説明しますが、初心者は、現場でレースを見ながら投票したほうが、展開や戦術がよく分かるからです。ギャンブル場の空気を感じることも、競技に馴染むためにはとても大切です。

†公営ギャンブルには「重賞」と「ヒラ開催」がある

まず私が考える公営ギャンブル各種の特徴を解説し、続いてそれらの施設が国内にいくつあるか、どこにあるかを説明します。ごく一般常識として各競技の基本を知ってください。公式サイトを閲覧するだけでは分からないこともたくさんあります。

たとえば総合情報サイトには各競技場の「場名」は書いてありますが、どうすればそこへ到着するかは書いていません。それを知るためには各競技場のサイトに飛び、その中の「アクセス」というページまで行かなければなりません。

自動車を運転でき、自家用車で遠出できるか、レンタカーを借りられる余裕のある人はどの施設に行くのも大きな困難はありません。車に乗ってナビに目的地を打ち込めば装置が案内してくれます。ガソリン代を負担に感じるか感じないか、その程度でしょう。

しかし自動車の運転が苦手、車を持っておらず、レンタカーを借りるのもお金がもったいないという人（私がそうです）は、施設までどうやって行けばいいのか、大きな問題が立ちふさがります。

そこで、この章では競技場の住所とアクセス方法を加えておきます。いくつかの競技場については、現地へ行った時の印象も交えます。

各競技には、ＪＲＡにおけるＧⅠレースのように、成績上位の競技者が頂点を決定する重要なレースが年間にいくつかあります。

地方競馬には「ＪｐｎⅠ《ワン》」「ＧⅠ《ワン》」などの肩書がある大井競馬の帝王賞、ジャパンダービー、東京大賞典、盛岡の南部杯、川崎の川崎記念などがあります。

競輪では「特別競輪」または「Ｇ１」と呼ばれる全日本選抜、日本選手権（競輪ダービー）、高松宮記念杯、オールスター、寛仁親王牌、競輪祭などがあり、それらの優勝者が年末に最高峰の一発勝負である「ＫＥＩＲＩＮグランプリ」を争います。

競艇は「ＳＧ」と呼ばれるボートレースクラシック（鳳凰賞）、オールスター（笹川賞）、グランドチャンピオン、オーシャンカップ、モーターボート記念（ボートレースメモリアル）、全日本選手権、チャレンジカップがあり、年末にそれらの上位者が争うグランプリシリーズ、「賞金王決定戦（グランプリ）」が行われます。

オートレースも「ＳＧ」「スーパーグレード」と呼ばれる重賞があり、全日本選抜、オールスター、グランプリ、日本選手権、そして年末には最高峰の「スーパースター王座決定戦」があります。

これらの重賞は人気があり、テレビで放送もされる売上の大きい開催ですが、他にもグレードが一段下がる記念大会が数多く行われ、さらに、そのほかに「平場」「ヒラ開催」と呼ばれる一般戦も連日行われています。

重賞レースは観客数が多く、競技場は大変な活気に包まれます。競走馬や選手たちが熱戦の火花を散らすスポーツ的なレースを観て、感動を味わいたいなら重賞の日程を選んで競技場に行くのがよいでしょう。

ただ、そうでないヒラ開催でも当然、熾烈な真剣勝負のレースが行われているので、なんでもない開催の日にブラリと競技場に行ってみるのも公営ギャンブルの本質により接近できる機会ではないかと思います。

ちなみに私はヒラ開催のほうが好きで、GⅠ、SGなどはテレビ中継で観ることが多く、実際に競技場に足を運ぶのはほとんどが一般戦です。なので競技場についての記述は、おもに平場開催の印象であることをご了解ください。

一　地方競馬場へ行こう

†ＪＲＡと地方競馬の大きな違い

地方競馬場は専門施設が全国に一五ヶ所あります（注）。日本の場合、「競馬」と称される多くは楕円形の平坦コースで馬を走らせる競技です。これは専門的には「平地競走」と呼ばれます。地方競馬のほとんどは「平地競走」です。対義語としてはハードルなどを飛び越えながら走る「障害競走」がありますが、番組が組まれているのはＪＲＡだけで地方競馬にはありません。

ただ、地方競馬には平地競走のほかに「ばんえい（輓曳）」という特殊な橇《そり》引き競馬があり、北海道の帯広競馬場のみで行われています（たまに関東地区でエキシビジョン競走が行われたりしますが、おそらくネット投票の宣伝のためでしょう）。これはあまりにも別の競技なので、別項を立てて解説します。帯広競馬場に行ってばんえい競馬を観戦してきたら、かなり立派な地方競馬ファンといえるでしょう。

平地競走は番組によって決められた距離、だいたい一〇〇〇メートルから二五〇〇メートル程度を五頭から一二頭程度の競走馬が走り、順位を争います。

一開催の日程は競馬場により二日間～五日間とまちまちですが、競輪や競艇、オートレースとの違いは一開催期間中に全出場者が準決勝、決勝と進む勝ち抜き戦ではなく、競走馬は開催期間に一レース走れば役目は終わりという点です。レース成績が影響するのは賞金額の積み上げのみで、獲得賞金額が高くなれば次回開催で階級が昇格しますが、開催期間に一走しかしないので、ほかの競技のように翌日の準決勝レースへの進出がかかっているとか、激走の疲れが明日のレースに影響するなどを考える必要はありません。またレースの賞金額や競走馬のクラス分けの基準も競馬場によってまちまちなので、いちいち考慮するのも有効ではありません。

レースのスタート地点は距離により移動しますが、ゴールはスタンドの正面にある固定位置にあり、「ゴール板」という目立った印があります。馬はゴール線に鼻先がかかればゴール到達（入線）です。スタート地点が向こう正面にあると分かりにくい場合がありますが、基本的にコースを一周から二周するだけなので、レースとしてはわかりやすいと思います。

地方競馬の馬場はほぼすべてがダート＝砂コースです。ダート戦は地方競馬の最大の特徴といえるでしょう。

ＪＲＡでは芝コースとダートコースのレースが約半々で番組が組まれています。ただＧⅠのような最上位レースの多くは芝レースなので、芝コースが主流の競馬といえます。コースに植えられた芝は気象や温度の影響を強く受け、成長と枯死を繰り返す生きた植物なので、維持管理に大きな経費がかかります。財政的に余裕のあるＪＲＡは緑色が美しい天然芝のコースを維持できますが、経営規模が小さく資金的に余裕のない地方競馬は天然芝のコースは採用できません。なので地方競馬はダートコースがほとんどです。

地方競馬では全国で唯一、盛岡競馬場に芝コースがあり、芝コースを使った重賞レースも行われていますが、番組全体で見ると、芝レースは一割以下です。

私は一九九六年、完成したばかりの現在の盛岡競馬場に行きましたが、その後には行っていないので現在、芝コースがどんなコンディションか分かりません。盛岡は寒冷地であり、地方競馬では財政的にも芝の維持はかなり大変だと思います。よって盛岡競馬場の芝レースはＪＲＡのレースとは違った見かたが必要になります。ただ地方競馬全体から見ても芝レースはごくごく少数なので、ここではダートのレースを中心に語ることにします。

（注）これにＪＲＡ施設を借りて開催する札幌競馬場、名古屋競馬株式会社が所有する中京競馬場（ＪＲＡと併用）を加えて一七場とする記述もありますが、二〇二〇年現在、札幌と中京での地方競馬開催は行なわれていません。また北海道の帯広競馬場は現在は一般的な平地競馬（楕円形の平坦コースを周回する競馬）は行っておらず、ばんえい競馬（直線の障害コース）のみ開催しています。

†地方競馬は先行馬有利とされる理由

ＪＲＡの芝レースでは快晴で気温が高く芝がよく育っているコース状態だとスピードのある馬が強く、雨でぬかるんだコースではスタミナのある馬に有利になります。

しかし砂のダートコースはその逆で、晴天が続いて砂が乾くと馬の蹄がズブズブと深く沈み込んでしまい力のいる馬場になり、スタミナのある重量馬が力を発揮します。逆に雨が降ると砂が固まって、非力でスピードのある馬が強い傾向になります。加えて、コースに撒かれている砂の深さでレースの展開が変わります。砂が深いコースは蹄がめり込み、走るのに力が要ります。逆に浅いコースではスピードが出ます。競馬場によって砂の深さが違い、その影響でレースの展開が変わります。

地方競馬場のコースのもうひとつの特徴は「小回り」です。楕円コースの総距離が短く、コーナーのカーブ角度が急なことを「小回り」といいます。

ＪＲＡの東京競馬場は芝コースが一周二〇〇〇メートル、小さめのローカル競馬場でも一周一六〇〇メートルはあります。これに対して地方競馬はもっとも大きい大井競馬場の外回りコースで一六〇〇メートル、多いのは一一〇〇～一二〇〇メートルで、兵庫の園田競馬場は一周一〇五一メートルです。

小回りコースの特徴は、「先行馬」が強いことです。

「先行」とは、スタート直後から馬群の前方を走ることで、その前方集団のままゴール前の直線に入って上位をとる走法です。これに対して、スタート直後は後方にいて、直線で一気に追い抜いて上位に食い込む走法を「追い込み」といいます。

競走馬は非常におおまかに「先行馬」「追い込み馬」の二種に分けられ、コースの設計や気象条件、「展開」によって有利不利が入れ替わります。

「展開」とはゲートが開いてからゴールまで、競走がどのような性格を持つかを指します。一九五〇年代に競馬評論家の大川慶次郎が確立した理論と言われています。出走馬の組み合わせで、そのレースの「展開」は大いに変化します。けっこう面倒な概念ですが、ごくざっくり説明しましょう。

先行馬が多い場合は先行馬どうしがスタート直後から上位を競り合うので、レース序盤のスピードが上がり、終盤で先行馬集団が息切れして、追い込み馬に抜かれる可能性が高まります。逆に先行馬が単独または少数だと、馬はマイペースで走れるので上位に残りやすくなります。

競馬解説者は「展開」を予想の大きなファクターにしますが、理屈で推測できても、実際のレースがどのように動くかは流動的です。とくに地方競馬の場合はほとんどあてになりません。

ゴール前の直線が長く坂もあるＪＲＡのコースでは、先行馬はゴールまでトップスピードを持続できず、追い込みの馬に抜かれてしまう例が目立ちます。

しかしゴール前の直線が短い地方競馬場では先行馬が上位に残るケースが多いのです。猛スピードで走る馬はコーナーでスピードを落とさないと遠心力で外側に膨らんで走ってしまいます。角度の急な小回りコースをうまく回るために、コーナーでは馬はスピードを落とすことになります。コーナーでいったんスピードが落ちると、ゴール前の直線距離が短い地方競馬のコースでは、馬が直線だけで順位を巻き返すのが難しく、追い込み不利、先行有利なのです。

だからゲートが開いてレース序盤で先頭グループに立った馬が有利です。地方競馬の馬は、そもそも先行するように調教されています。予想専門紙（競馬新聞）の番組表（馬柱）によっては、過去のレースで馬がスタートから最終コーナーまでどんな順位で走ったか記載されていることがあるので、それを見れば、馬がどれだけ先行しているか分かります。

なぜ本命鉄板の競走馬が負けるのか

先行有利は絶対ですが、しかし追い込み馬が勝つレースもまったくないわけでもなく、そこに地方競馬の難しさがあります。

同じレースに出走する競走馬に力の差がありすぎると、「展開」予想は意味をなしません。ところが実力上位の馬でもなぜか負ける時があり、そこが地方競馬の難しさです。

それは地方競馬の最大の特徴といっていい、厩舎、調教場を含む事業規模の小ささに由来すると私は考えています。

ＪＲＡは札幌、函館、福島、新潟、東京（府中）、中山、中京、阪神、京都、小倉と一

〇ヶ所の競馬場があり、年末年始の一時期を除き、毎週末に開催されています。関東（美浦）、関西（栗東）の二ヶ所の巨大なトレーニングセンター（＝トレセン、調教場）兼厩舎が置かれ（競馬場にも臨時の馬房があります）、そこから全国の競馬場に馬を移送して走らせています。一日の開催に二〇〇〇頭以上の馬が出走し、常に二ヶ所以上の競馬場で開催されていることを考えれば、その事業規模の大きさは想像がつくと思います（実は今では美浦・栗東の公設トレセン以外に大手生産者が所有する「外厩」と呼ばれる私設トレセンまであり、美浦・栗東の調教データだけで予想するのは困難です）。

これに対して地方競馬は多少の地域交流はあるにせよ、開催単位はその競馬場だけで、調教も一部をのぞいて競馬場で行われます。レースに出場するのも、基本的には競馬場に所属する馬・騎手なので、開催ごとに同じ顔ぶれで競走が行われることになります。南関東四場のように遠征出走の多い地域や、JRA所属馬との交流競走もありますが、全体からみれば、他場への遠征出走の数は多くありません。

地方競馬最大の競馬場、大井競馬では六〇ほどの厩舎がありますが、それ以外の地方競馬の厩舎は二〇から三〇程度で、調教されている馬の数も少ないです。何より、長年の顔なじみによって構成されているごく狭い「競馬場ムラ」の人々が月に数回行われる競馬開催に参加しているのが実情です。「ムラ」の慣習に縛られる人たちが競走馬を管理し、走らせているのですから、レースに人間関係が影響しないわけがありません。

そして地方競馬の場合、成績上位（管理馬を勝たせた率が高い）の調教師と下位の調教師の実力差が大きく、一レースの賞金額もJARほど高くありません。

JRAでは重賞なら優勝賞金は億単位、平場（一般競争）でも一〇〇〇万円程度出るのに対し、地方競馬の優勝賞金は重賞レースでさえ一〇〇万円に届かないことがあります。厩舎は収入の多くを競走賞金から得ているわけですから、実力差が大きければ下位厩舎の経営は成立しないという見方もできます。ところが、実情はそれほど単純ではありません。出走手当などレースに参加することで派生する様々な賞金以外の収入があり、弱い厩舎の人々もどうにか生きられるシステムが各競馬組合内部で作られています。そのため成績のよくない厩舎でも長く地方競馬の世界で生き残っていることがあります（それはJRAでも同じですが）。

こうした厩舎経営に関する裏事情は、表立って公開されることはありません。地方競馬の主催者は情報公開に非常に消極的で、公式ホームページなどで知ることができるのは、厩舎の勝利数ランキングぐらいです。厩舎経営の実情などは知る由もありません。地方競馬を舞台にした古内一絵の小説『風の向こうへ駆け抜けろ』(二〇一四年、小学館)などに書かれた内容から実際はどんな状態か想像するしかないわけです。

ただ、ＪＲＡですら競走馬の調教を一般に公開しておらずブラックボックスです。競馬ファンはスポーツ新聞や競馬予想紙のデータ欄で与えられた数字を信じるしかないのです。ましてて地方競馬の世界で、どの調教師がどのような調教を行っているか、旅打ちでブラッと地方都市の競馬場に遊びに行く人間は知りようもありません。よって地方競馬はその競馬場に毎開催、足しげく通っている人間でもない限り、厩舎事情に暗く、馬の状態も見えにくいのです。そしてそれらの情報が分からない限り、競馬に勝つこともできません。

†ビギナーはまずこの投票方法で勝負

たまに自分の勘で投票した馬が勝ったり、予想誌の印が偏っている本命鉄板の馬が勝つことがあっても、一日のレースを終えて収支が黒字になることは少ないでしょう。そして続ければ続けるほど赤字は増えていきます。

そうした地方競馬にビギナーはどのように立ち向かうべきでしょうか。

それは自分の予想を過信せず、場内で販売されている予想専門紙や、場立ちの予想屋さん、スポーツ新聞の印などを参考にしながら、少額で買い続けるしかありません。ビギナーは、ともかく他人の予想に乗っかりましょう。そのほうが当たる確率は高いです。

本命ばかりでなく、穴目（▲印や△印、×印など）を少し混ぜて投票することで、一つのレースでほかのレースを外した赤字を補塡できる場合があるので、それを狙っていくしかありません。

ひとつのレースの着順予想が外れたら、その負け分を取り戻そうと次のレースに倍々で賭ける人がいますが、それは危険な行為です。最後まで勝てない可能性があり、赤字額が大きくなります。

地方競馬はまず当たらないもの、と覚悟して、一日の馬券代を最初から決め、使い切ったところで撤退するのが賢明です。むしろ「なぜ的中しないか、展開が狂うのか？」を考えることから、思索の楽しさを味わうべきなのです。

観客が少なくガランとした地方競馬場のスタンドで、当たらない競馬のことをじっと考える。それが成熟した大人の地方競馬の遊び方です。

†北海道の競馬場

では国内のどこに地方競馬場があるか、どのような特徴があるかをざっと見回してみましょう。前述のように地方競馬場は全国で一五ヶ所です。といってもばんえい競馬はまったく別物なので後回しにして、平地競走の競馬場を北日本から南にかけて見ていきましょう。

・門別競馬場（北海道沙流郡日高町富川駒丘七六－一）

北海道の公営「ホッカイドウ競馬」唯一の平地競馬場（一般的競馬場）で日高町の何もない辺鄙な場所に立地し、鉄道だけを頼りに到達するのは難しい場所です。自動車だと札幌から高速道路を使って約六〇分、千歳空港からだと五〇分程度。札幌駅前からの無料送迎バスが開催時間に合わせて往路復路とも各一本（要予約）出ており、片道約九〇分。無料送迎バスを利用すると第一レース前に到着して最終レース終了まで帰れません。

なぜそんなところに競馬場があるかといえば、もともとホッカイドウ競馬専用の厩舎兼トレセンだった場所にスタンドを造って観客が入れるようにしたからです。九〇年代以降、赤字累積のために道内にあった岩見沢、旭川、帯広の平地コースなどは次々と廃止されました（それらの廃止された競馬場がどのような場所だったかは、山口瞳『草競馬流浪記』で読むことができます）。

そこでホッカイドウ競馬は厩舎とトレセンのある門別を競馬場に改装し、競走馬や厩舎関係者の移動にかかる負担を切り詰め、運営経費を縮小したのです、道営競馬ファンは競馬場に通う機会が減ったものの、場外発売所や電話投票などで競馬を楽しんでいるようです。

北海道は寒冷地なので、秋から春までの間、屋外で競馬を観戦するのは厳しいです。なので門別競馬場は無料スタンドも屋内にあり、ガラス張りの窓越しに見ることができます。その特観席にいるような雰囲気が好きかどうかは意見が分かれると思いますが、私はイマイチです。手が届きそうな距離を競走馬が走り、馬の匂いや砂埃に巻き込まれる感じが地方競馬の魅力だと思うからです。とはいえ北海道の秋冬の屋外スタンドはほんとうに過酷なので、仕方なしかもと思います。

いずれにせよ、スタンドは比較的新しく不快なところはありません。札幌からの遠さも含めて、旅情緒を味わえる競馬場といえるでしょう。

†岩手の競馬

・盛岡競馬場（岩手県盛岡市新庄字上八木田一〇）
・水沢競馬場（岩手県奥州市水沢姉体町字阿久戸一―一）

岩手県には盛岡と水沢の二ヶ所に競馬場があります。現在の盛岡競馬場は九六年に移転新築された比較的新しい施設で、地方競馬場では日本唯一、芝コースがあります。旧競馬場は市内の公園内にありましたが、新競馬場は市街から離れた山間部に移転し、自動車でなければほぼ到達不可能です。盛岡駅から無料送迎バスが出ていますが山道を三〇分ほど揺られることになります。ほとんどの観客は自家用車で観戦に向かうので、とくに帰路は市街へ向かう道路が渋滞し、盛岡駅まで一時間近くかかることもあります。

外回りがダートコース一周一六〇〇メートル、内回りが芝コース一周一四〇〇メートル、両者ともゴール前に上り坂のある中央競馬を意識した設計で、おそらく開設時にはＪＲＡの招致も意識したのではないかと思います。岩手といえば衆議院議員小沢一郎の選挙地盤（現在は衆議院岩手三区）であり、かつての政治力があればＪＲＡを盛岡に誘致できた可能性があったのかもしれません。しかし、その後野党や小政党を流転した彼の政治力は低下し、ＪＲＡ招致の噂は雲散霧消、赤字のために競馬場の廃止まで検討されました。

私個人は綺麗すぎる地方競馬場にそれほど魅力は感じないのですが、地方競馬の芝競走がどのようなものか、地方競馬に興味を持ったら一度は見る意義はあると思います。ただしヒラ開催の時に盛岡競馬場に行っても、芝コースでの競馬が見られるとは限りません。芝コースを使ったレースは全番組の一割以下、夏場に行われる数レースのみです。

岩手競馬では水沢競馬場が断然お薦めです。新幹線水沢江刺駅からタクシーで五分、歩いて三〇分強、東北本線ＪＲ水沢駅からは無料バスで一五分ほどです。地方競馬場としてはとても近いほうです。一周一二〇〇メートルのダートコース。河川敷にあり、強い風が吹き競走に影響しますが、バックストレッチ（向正面の直線走路）の向こうに北上川と北上山地をのぞむ風景はとても美しく、これぞ地方競馬という印象です。年季の入ったスタンドや食堂、私が過去に行った時は、まだ場立ちの予想屋さんが営業していました。

この競馬場の最大の魅力は名物の正月開催（一月二日〜）があることで、雪景色の中で美しく迫力ある競馬がみられます。ただしぬかるんだ馬場、酷寒の気候のなかで行われる競馬はけっして当てやすいものではありません。ま、公営競馬は最初から当てやすくないですが。

競馬のあと、近くの温泉に逗留《とうりゅう》することもできます。水沢の町自体も田舎町なりの歓楽街があり、アフター競馬の楽しみのある街です。

大井競馬場――ナンカン四場①

大井、川崎、浦和、船橋の四競馬場が南関東（南関＝ナンカンと略されます）四場とされ、各競馬場が近いので馬を輸送して他場からの出走も頻繁に行われているので、ひとつにまとめて書きます。

かつて水沢競馬場と船橋競馬場の間に、上山（かみのやま温泉・山形）、宇都宮、足利（栃木）、高崎（群馬）などいくつかの競馬場がありましたが、いずれも二〇〇〇年代のうちに廃止になりました。なので、北から順に書いていくと、北海道、岩手の次が首都圏の四場となってしまいます。

・大井競馬場（東京都品川区勝島二－一－二）

四場の中心は大井競馬で、所属馬も多く、他場での開催にも大井競馬所属馬が何頭か登録され出走することが多くあります。競走馬の実力では大井と船橋が拮抗し、その所属馬はＪＲＡのレースに出走することもあります。次いで強いのが川崎、ちょっと置かれて浦和という感じでしょうか。予想紙を買えば、その馬がどの競馬場の厩舎に属しているかが分かります。

所属競馬場以外で出走する場合、馬を馬運車で輸送しなければならず、その経費を考えれば他場での出走は馬主にとって勝負がかかったレースということがなんとなく理解できます。ただし、レースで必ず一着になるとは限りません。

大井競馬場はバックストレッチの後半から二股に分岐し、短い内回りコースが一周一四〇〇メートル、長い外回りが一六〇〇メートルで、多くのレースは右回りで行われます。実は大井競馬場では二〇二一年から突如左回りレースも開始しました。「世界初の左右両周りコース」をアピールしていますが、左回り開始の背景は、ダート主流のアメリカ競馬は左回りコースが標準なので、そこに合わせて外国馬の出走する国際レースを増やし、話題をとりたかったようです。時間をかけて左回り競走を増やしてゆき、いずれは左回り専門に修整したいのかもしれません。

右回りの外回りコースはゴール前の直線が長く、熾烈な追い込み合戦が見られます。大井は「砂が深い」と言われ、晴天でカラカラの良馬場では深い砂に馬が足を取られるので、かなりスタミナがないと勝てません。逆に重馬場の場合は砂が水分で固まって馬の足が潜らず、スピード勝負になります。そうした馬場状態の微妙な変化で入線順位が変わりやすいため、南関の他場に較べて大井競馬は馬券を的中させるのが難しいといえるでしょう。そのぶんダート競馬の醍醐味を存分に味わえます。

逆にいえば、施設が大きく近代的で入場観客も多く、雰囲気がJRAの競馬場に近いため、「公営競馬」のローカルな雰囲気、草競馬的な感性からは遠い競馬場といえます。

アクセスはJR浜松町駅始発の羽田空港行きモノレールの「大井競馬場前駅」から歩いて一〇分ほど、私鉄京浜急行線の立会川駅からも同じぐらいで歩いていけます。徒歩で往復する場合、立会川駅のほうが途中に居酒屋が多く、競馬終了後に懐に余裕があれば、途中で競馬ファンにまみれながら飲むのが通っぽい体験になります。

JR京浜東北線の大森駅や大井町駅から無料送迎バスが出ているほか、徒歩でダラダラ歩いて三〇分程度で行けます。帰り道、オケラ（無銭）になった客たちとトボトボJRの駅まで歩いて帰るのはなかなか風情のある競馬の終え方だと思います。

†川崎、浦和、船橋――ナンカン四場②

・川崎競馬場（神奈川県川崎市川崎区富士見一－五－一）

・浦和競馬場（埼玉県さいたま市南区大谷場一－八－四二）

・船橋競馬場（千葉県船橋市若松一－二－一）

南関四場の川崎競馬場は、大井に次ぐ規模を誇る競馬場で、コースは一周一二〇〇メートルと小回りです。大井ほど砂が深くなく、直線も短いので先行有利。この特性はほとんどの地方競馬場に共通するため、ビギナーが地方競馬を経験するなら川崎競馬が良いでしょう。施設も新設スタンドがあったりで新しく、京浜急行大師線で京急川崎駅から二駅めの港町駅の目の前でアクセスはとても良いです。JR川崎駅から歩いても一五分程度でたどり着け、いかがわしい文化に免疫のある方なら川崎の風俗街・堀之内を通過して妖しい建築物や店舗関係者を眺めながら往復するのも一興かと思います。

浦和競馬場もアクセスは悪くなく、首都圏在住者なら一度は足を運んでみるべき競馬場です。浦和競馬場はコースが一周一二〇〇メートルで先行有利の典型的地方競馬コースです。スタンドから馬場が近く、バックストレッチを走る馬もよく見える、見やすい競馬場です。JR京浜東北線・南浦和駅前から無料送迎バスが出ており、一〇分ほどで到着します。二〇一九年、ゴール板寄りに新しいスタンドが完成し、より見やすく清潔感のある施設になりました。

浦和競馬場は私の自宅から比較的近い施設でもあり、一時期、頻繁に通いました。当時は新設されたスタンドもなく、ゴール際に吹きさらしの無料席があって、戦後の焼跡闇市を彷彿とさせるレトロな売店・食堂などの造作もあいまって競馬に行くというよりも、理想の娯楽場に遊びに行くような感覚でした。新しく清潔なスタンドの完成は主催者側にとって新規来場者を集客するために重要でしょうが、私個人の趣味からすれば、施設があまりに近代的になってしまうのは「地方競馬」のレトロでローカルな環境を打ち消してしまうように思えます。その面で浦和競馬場は、まだ食堂などに昭和レトロなたたずまいを濃厚に残し、南関四場の中ではもっとも草競馬の雰囲気が濃い競馬場です。

急ぐ必要がなければ、帰り道は南浦和駅までの徒歩がお勧めです。歩いて二〇分程度ですが、道中に寄り道したくなる居酒屋や食堂もあって、競馬に負けた悔しさを緩和させてくれます。

船橋競馬場はＪＲ京葉線・南船橋駅から歩いて一〇分、京成線・船橋競馬場駅からは歩いてすぐにあります。コースは外回り一周一四〇〇メートル、内回り一二五〇メートル。先行有利は変わりませんが、ただし予想紙の印どおりには入線順位が決まらないところに地方競馬ならではの難しさがあります。この原稿執筆時現在、スタンドを大規模改装中で、改装後、雰囲気がどう変わるのか分かりません（二〇二四年春完成予定）。完成イメージがネットニュースで見られますが、驚くほど近代的なスタンドになりそうです。楽しみな半面、船橋競馬場のすさんだ鉄火場のようなムードが好きだった世代には、寂しさもあります。

浦和競馬場と船橋競馬場、南関四場の中で、このふたつは数年前まで地方競馬色が強烈でした。それらが都会的に変わってしまうのは、往年のファンには残念です。それでも「ちょっと地方競馬に行ってみる」という感覚を味わうなら、浦和競馬場と船橋競馬場は地方競馬のエッセンスがとてもよく分かる、楽しい場所だと思います。

首都圏に住む読者の方は、この二場はアクセスも悪くないのでぜひ一度足を運んで欲しいです。

†名馬オグリキャップは笠松競馬場出身

・笠松競馬場（岐阜県羽島郡笠松町若葉町一二）

中部地方にあるふたつの地方競馬場、名古屋と笠松のうち、笠松競馬場はもっともローカル感の強い競馬場です。もっと強い言い方をすると「もっとも貧しい競馬場」といえるかもしれません。

なにしろ二〇二一年度の馬券の年間総売上は二一〇億円余り、これはＪＲＡのひとつの競馬場が日曜日の一日だけで計上する金額と同程度です。よって、競馬廃止の議論もたびたび持ち上がります。

ただ、この競馬場はのちに地方競馬からＪＲＡに移籍して九〇年代初頭、年度代表馬にも選ばれスターホースになったオグリキャップの出身地であり、また笠松所属のまま初めてＪＲＡのＧⅠ・桜花賞、オークスに出走し、多くのファンを熱狂させたライデンリーダーの所属地としても知られ、その騎乗をした安藤勝己は地方競馬所属騎手から初めてＪＲＡに移籍し全国区に羽ばたきました。このような要素から笠松競馬場は地方競馬ファンのみならず、ＪＲＡのレースしかやらない人間にも特別な場所を感じさせます。

ゆえに、ＪＲＡのファンが南関東以外で一度は訪ねてみたいと夢見る地方競馬場が笠松競馬場だった時期がありました。

笠松競馬場は岐阜県にありますが、名古屋から名鉄線に乗って約三〇分の名鉄笠松駅を降りて、歩いてすぐです。かつては競馬場の正門前に「東笠松駅」という競馬観客専用のような小さな駅があり、駅を降りると入場門の前に設置されたオグリキャップの銅像も実に神々しく映りました。残念ながらこの駅は二〇〇五年に廃止になりました。

コースは木曽川の堤防にほど近い風光明媚な場所にあり、いわばバックスタンドの位置の堤防から、競馬を眺めている人の姿も見えます。内馬場にはなんと畑があって農家の人がのんびり作業している姿はせわしない都会の現実を遠く離れた夢の世界を見ているような気分にさせます。

ただ、それでもスタンドや場内施設のあまりのオンボロぶりに最後まで馴染めないまま最終レースを終える競馬ファンも少なくないというのが私の経験的感触です。ましてやレースの難解さ、不可解さは折り紙付きで、南関東の公営競馬に通じている人間でも「笠松の競馬は複雑怪奇」と音を上げるほどです。近年はそうした事情を逆手にとり、成績下位の馬だけで行う「C級サバイバル」という番組が組まれ、予想の難しさを売りにしていたりします。それも地方競馬の核心をついた面白いレースだと思います。

そして必ずしも勝たなくて良いと思えば、これほど楽しい競馬場、そして昭和スポットはないのです。

†名古屋と金沢

・名古屋競馬場（愛知県弥富市駒野町一）
・金沢競馬場（石川県金沢市八田町西一）
公営名古屋競馬場はかつて名古屋市内からそれほど遠くない名古屋港の近く、港区泰明町に立地していました。

しかし施設の老朽化をうけて二〇二二年に弥富市駒野町に移転しました。

旧競馬場が老朽化で災害時に云々……と、みんな建前の大義名分を言いますが、本音は市街地に近い好立地に競馬開催日以外は使わない広大な土地を遊ばせておくわけにはいかず、転用・転売したい事情があったのだと私は考えます。

新しい名古屋競馬場はかつて公営名古屋競馬のトレセンと厩舎があった場所にスタンドを新設したもので、ホッカイドウ競馬の門別と同じスタイルです。元トレセンでは近所に飲食店も少なく、なによりターミナルの名古屋駅から遠いのは、遠征する客にすれば興をそがれます。

新・名古屋競馬場は名古屋駅隣接の名鉄バスセンターから無料の送迎バスで四〇分かかります。近鉄名古屋駅から急行で一駅の近鉄蟹江駅が最寄りですが、そこからも送迎バスで二五分かかります。かなり辺鄙なところに作られた競馬場と言えるでしょう。

市街から遠い場所に公営競馬場が移転するのは、近年はネット中継、ネット馬券購入が増えたので、競馬場へのアクセスが良くなくても、主催者にとって売上面で大きな障害にはならないせいです。

私はＪＲＡのような現代的で清潔なショッピングモール的施設が好みでないせいもあり、この新・名古屋競馬場の造作は微妙な印象でした。入場料は無料ですが、有料席のゾーンに入らなければゆっくり座ることができません。公営ギャンブル場全制覇をめざす者には、新しい競馬場ができて、目的がひとつ増えるのは嬉しいことですが、その新しさをどう受け止めるか、悩ましい問題でもあります。

旧競馬場はやはり小回りコースで難解なレースばかり、当然収支は赤字でしたが、場内には人情味ある飲食店が並び、場外にも酒場があって楽しい旅打ちになった記憶があります。地方では、そのような古めかしい競馬場は継続が難しいのが残念です。

これから地方競馬を体験してみようという人たちには、新しく綺麗な施設も重要だと思います。ただし、実際にスタンドなどを新設して、その建設費を埋める売上が得られるのか、地方競馬にとっては大きな課題です。私は新設される公営ギャンブル場は、中高年の感性にも優しい施設であってほしいと望みます。

金沢競馬場は、現在では日本海側の県にある唯一の地方競馬場になってしまいました。ホッカイドウ競馬と同じく、交流戦、重賞以外には他場との交流はほぼありません。競馬場は市街からけっこう離れた河北潟という湖に近い山の中の運動公園内にあり、徒歩ではどうやっても行ける場所ではありません。最寄駅（いしかわ鉄道森本駅）からタクシーに乗ってもそれなりの金額がかかります。旅打ちになれた人間なら、金沢駅からの無料送迎バス一択しかありません。三〇分ほどで競馬場に到着します。内馬場内に公園施設のある競馬場は、子供やビギナーのカップルにも優しい野外広場という感じですが、競馬は他場と同じく難解です。

旅打ち愛好者にとって、競馬場の中ではもっとも難所といえるでしょう。

†西日本の四場「園田、姫路、高知、佐賀」

かつて地方競馬にはアラブ種の競走馬が走っていて、それはサラブレッドとは動きや展開の違う、難しい競馬でした。西日本の地方競馬場は「アラブ競馬のメッカ」と呼ばれていましたが、今ではアラブ競馬を行う競馬場はありません。サンデーサイレンス系、キングカメハメハ系の優秀な内国産種牡馬が増えた結果、アラブ種を残す余地はなくなったということかもしれません。

・園田競馬場（兵庫県尼崎市田能二ー一ー一）
・姫路競馬場（兵庫県姫路市広峰二ー七ー八〇）
・高知競馬場（高知県高知市長浜宮田二〇〇〇）
・佐賀競馬場（佐賀県鳥栖市江島町字西谷三二五六ー一二八）

園田競馬場は阪急園田駅から徒歩でも二〇分程度で到着する市街地に近い場所にあり、アクセスは良好です。しかし、それ以外の姫路、高知、佐賀、どの競馬場もかなり駅から遠い場所にあり、地元の人は自家用車でやってきます。地域外の人間は高齢の競馬ファンを乗せた無料送迎バスに長い時間揺られて競馬場にたどり着くことになります。競馬に負けたうえに送迎バスに乗りはぐれ、タクシーで市街に戻らざるをえないという弱り目にたたり目なハメになると悲しいので、往路・帰路ともに送迎バスの発着時間はしっかりとホームページなどで確認しておいたほうがいいでしょう。

姫路競馬は、二〇一二年に周辺の大規模工事の影響で休止となり、その間に廃止の噂もありました。二〇二〇年に七年のブランクを経て開催が再開されました。現在、年間一月から三月まで、本場開催されています。地方競場の中では、もっとも存続の危機にある競馬場といえるかもしれません。

高知競馬場や佐賀競馬場も入場者は減らしていますが、照明施設があり、ナイター開催が可能なうえ、ネット投票の人気などで売上は回復しています。高知競馬は毎開催の最終レースに「一発逆転ファイナルレース」なる成績下位の馬のサバイバル競走を組み、人気を博しています。地方競馬の難解さを逆手にとって、投票する側にも穴馬券の魅力のあるレースです。これからの地方競馬は、企画の面白さも重要だと教えてくれる面白い番組編成だと思います。

ちなみに佐賀競馬場の最寄駅は佐賀駅ではなく、そこから電車で三〇分ほど離れた鳥栖駅です。鳥栖駅周辺は地方都市の風情がありますが、駅前にプロサッカーJ1・サガン鳥栖の巨大なスタジアムがあって驚かされます。競馬もサッカーも好きという人は、開催が重なる日程を調べると充実した旅行日程になるでしょう。

✝帯広だけのばんえいレース

・帯広競馬場（北海道帯広市西一三条南九丁目一）
ばんえい（輓曳）競馬は「馬」という種の動物を競走させ、ゴール入線を競って一～三着を当てるという以外、普通競馬（平地競走）とはまったく違った競技です。

現在、ばんえい競馬が行われているのは北海道の帯広競馬場ひとつだけです。以前は北見、岩見沢、旭川でも開催され、北見以外は普通競馬と併用でした。平地競走のオーバルコースの内馬場にばんえいのコースがあるという、とても魅力的な競馬場でした（ただし平地とばんえいが同じ日に行われることはありません）。

平地競走のほとんどは我々が一般的に「馬」の姿として想像する首の長い、脚のシュッと長いサラブレッドが騎手を背に乗せて走ります。

ところが、ばんえいはペルシュロン種、ブルトン種などの首が短く、筋肉量が多くガッチリした体型の、まるで牛か象かと思わせる農耕馬、「輓馬《ばんば》」による競走です。

しかも数百キロ〜一トンの重りを載せた橇《そり》を引きながら、直線二〇〇メートルのダートコースの中間にある二ヶ所の山型障害を越え、ゴールをめざす競走です。

一レースに七頭から一〇頭の輓馬が出走し、勝負は二分前後で決着、ゴール入線の基準は馬の鼻先ではなく、曳いている橇の末尾です。なので馬体がゴール線を越えたあとに、他の馬が橇を早く引き終え、順位が逆転することもあります。

もともと農耕馬は荷物や農具を引かせるために品種改良された生き物なので、サラブレッドの平地競走のように時速六〇〜七〇キロで飛ぶように駆け抜ける動きはしません。重い橇を砂の上で引いて、人が歩く速さよりも遅いスピードで、ズリッズリッと進んでいきます。騎手は橇の上にいて、長い手綱を引いていきます。ムチも長く大きく、鞭打に力がいるため平地競走ような小柄な体格ではなく、騎手はデカくてごっつい人ばかりです。パドックから馬場への移動のとき、騎手は輓馬の鞍のない裸の背に乗っていきます。

†ばんえい競馬の遊び方

輓馬は全身の筋肉を隆起させ、冬場は鼻穴から蒸気機関のように白い息を吹き出しながら、高さ一メートルの第一障害、一・六メートルの第二障害を越していきます。馬も大変なので障害ごとに足を止めて休息し呼吸を整えるため、そこで競り合いや逆転が起きるのがレースのスリルです。

先頭を進んでいた馬が第二障害の途中でピタッと足を止めて動かなくなったり、普通競馬とは違った展開の妙があり、とても面白く興奮させられます。ゴール前までの数十メートルは、観客が馬とスピードを合わせて歩きながら応援します。それも普通競馬とはまったく違う光景です。

こうした希少種とも言える公営ギャンブルなので、初めて現地を訪れ予想紙を買って番組表を見ても、あまりに平地競走の馬柱とデータ配置が違うので数字が何を意味しているのかチンプンカンプンです。

橇の重量と馬場の水分量（「％」で示され、水分量が多いほど橇は滑るので、非力な馬にも勝ち目がある）ぐらいは知っていると参考になるものの、パドックでどこをどう見ていいかも分からないし、新聞のデータの意味も分からず。予想できずに途方に暮れてしまいます。

それでもばんえい競馬には公営ギャンブル希少種として、また北の果てのギャンブル場として、異国情緒ともいえる強い魅力があることも間違いありません。

ばんえい競馬の見られる帯広競馬場は公営ギャンブルファンにとっては、ある意味、聖地というべき場所かもしれません。帯広以外で見られなくなってしまったのがつくづく残念です。

そんな帯広競馬場へは、帯広駅前のバスターミナルから路線バスが出ており、一〇分程度で「帯広競馬場前」の停留所に着きます。意外なほど市街地にあり、帰り道は市内繁華街まで徒歩でもたどり着けます。

二〇〇〇年代半ばに存続の危機に陥ったばんえい競馬は二〇〇六年末にソフトバンク子会社により支援が決まり、ネット配信など近代的な視聴・投票環境が整備されました。しかし黒字化までは至らず、二〇一二年にソフトバンク子会社は撤退、その後、場外馬券発売所を運営する会社に運営を委託し、現在も存続しています。

スタンドは七〇年代に完成した古い建物を使っており、昭和期の競馬場を感じさせる外観です。内装は改修されて居心地がよく、売店ではザンギ（鶏の唐揚げ）、カレーラーメンなどB級グルメも充実しています。

春から秋にかけては野外でばんえいのコースに沿って歩きながら応援するのが楽しいですが、零下二〇度にもなる冬の開催はさすがに外で見るのはきついです。

帯広市内は酒場横丁の宝庫で、レース終了後に市外のあちこちで飲み歩くのはたまりません。

二　競輪場へ行こう

†選手の「競走得点」で予想

競輪は人間が自転車に乗ってコースを周回し、ゴール入線順位を競う競技です。一周三三三〜五〇〇メートルの楕円形のレースコースを「バンク」といいます。このバンクを四〜六周してゴールになります。周回数はレースのグレードによって変わります。バンクのコーナー（円周部）にはすり鉢状の傾斜がつけられていて、その傾斜を「カント」と呼びます。傾斜のあるすり鉢状バンクを最多、九台までの自転車が走るのが「競輪」という公営競技です。

全国に四三ヶ所の競輪場があり、これは公営ギャンブル四種の中で最多です。分布も広汎で、北は北海道・函館、南は九州の佐世保（長崎県）、別府（大分県）にあり、緯度上の最南の競技場をいえば四国の高知になります。

また千葉市にある千葉競輪場（正式には千葉ＪＰＦドーム、命名権により『TIPSTAR DOME CHIBA』の名称で呼ばれる）では一周二五〇メートルと一般競輪に比べて小さく、木製のバンク（傾斜のある楕円形レースコース）を六車で競走するオリンピック競技の「KEIRIN」に準じた「PIST6」を独特のルール・運営で行っています。これを「競輪」とするかどうかは、議論があると思いますが、主催者が千葉市なので公営ギャンブルであることには間違いありません。

さて、千葉の話はいったん置いて、一般的な競輪の話に戻りましょう。

出場選手は開催地の競輪場に全国から招集され、階級に応じた番組・レースに割り振られます。

地方競馬は基本的に開催する競馬場に所属する馬・騎手による競走が多いと書きました。しかし競輪は全国から選手が集まってひとつのレースで順位を競います。そのため選手間の実力差がわかりにくいですが、これを示すのが成績を数値化した「競走得点」で、予想紙や出走表に書いてあり、予想の重要な指標になります。

競輪には下からA3（A級3班の意味、以下同）、A2、A1、S2、S1、SSという六つの階級（ランク、級班）があり、近い階級の選手でレースが組まれます。新聞などの予想では基本的には出場選手のうち、競走得点の高い選手から、本命、対抗などの印がつくことになります。ただし、その通りには終わらないのが競輪です。

ヒラ開催（F1、F2）は三日間行われ、初日が予選と無条件に出場選手が準決勝に進める成績上位者による「特選」が各クラス一レース、二日目は一般戦（負け戦＝敗者による競走）と各クラス三レースの準決勝、三日目最終日は一般戦（負け戦・後述）と各クラスの決勝一レースが行われます。

記念競輪（G2、G3）は四日間、特別競輪（G1）は六日間の日程で行われ、二次予選まで行われて五日目準決勝、六日目決勝という番組になります。

また二〇一二年から「ガールズケイリン」と呼ばれる女子選手による競走も始まりました。現状は通常開催の一部でガールズのレースが二競走程度組まれています。男子女子の混合レースはなく、女子選手は女子のみのレースを行います。女子競輪は選手が少なく、まだ階級制はありません。準決勝も行われず予選が二次まであり、上位選手が決勝に進みます。

†展開を左右するラインとは何か

競輪は人が自転車で競走するだけ、と考えれば単純な競技ですが、簡単に予想できると考えている人は少ないと思います。ことに車券を買ったことのないビギナーは、号砲が鳴ってスタート後の数周回は、何が起きているのか理解できないかもしれません。

そのため競輪はとても分かりにくい競技と思われているようです。しかし私からすれば、競輪はとてもわかりやすい、合理的な競技です。ただ、当てるのは難しい。たった九車でも、六車でも、三連単車券を当てるのは至難です。レースがわかりやすいことと、車券を当てるのは別の次元の問題なのです。

たまに酒場で競輪の話をすると、聞き手から「ラインってあるでしょ、あれがさっぱりわからない」と言われます。それは英語のヒアリングの苦手な人が、イギリス人やアメリカ人の話す英単語をまったく聞き取れないのと同じです。英会話に慣れてしまえば、ネイティブの使う英単語や文法がクリアに理解できます。それと同様、競輪もレースに慣れて展開が見えるようになれば、そこで何が起こっているのか容易に理解できるでしょう。

そこで、まずは競輪で一着になろうとすると選手間にどんな動きが起きるのか、そして「ライン」とは何かから解説しましょう。

競輪競技ではスタート（発走機というロックのかかる自転車固定機を使い厳密には線ではありません）で一番車を最内側に、外側に向けて車番の順に最大九車が一列に並びます。しかしバンクにはコースを分けるレーンがなく、スタートして発走機から放たれた各車は前進しながら内側に入ろうとします。競輪はゴールするまでのタイムを競う競技ではないので、序盤の展開はのんびりしています。ゆっくりと選手の列が形成されてゆき、やがて車列は一列になります。一本棒といわれる状態です。

ただし、この一列の並び順が勝負を大きく左右するので、選手が前に来たり、後ろに下がったりして、車番とまったく関連のない順番を作り直します。これがラインと呼ばれるもので、多くのレースでは、二～四人がひとつのグループ＝ラインを作って並び、周回することになります。

競輪は、かつてはすべて九車でレースを行っていました。最近は賞金額の低い一般競争（ヒラ戦）は六車や七車で走る場合もあります（チャレンジ競争と呼ばれる低位のレースです）。しかしあくまで基本は九車なので、九車制レースを例に解説を進めます。

競輪に限らず自転車レースはどんな競技でも、ポイントは風圧との戦いです。自転車で走ると必ず乗っている人間の正面に風圧がかかり、推進力に負荷をかけます。スピードが出るほど大変な風圧がぶつかり、選手を疲労させスピードを鈍らせます。

この風圧から逃れるために、序盤の数周回は「先頭員」という選手以外の走者が必ず先頭を走りペースを作ります。最終二周回の前に、先頭員がはずれ、スピードがあがってレースが本格的に始まります。

選手はなるべく先頭の選手の後ろに位置を取ろうとします。先頭の選手は風圧がモロにかかりますが、二番手より後ろは風圧を避けられるので、その位置で体力を温存し、ゴール前で疲れている先頭選手を一瞬だけ抜いて一着に入るのが効率的な戦法だからです。競輪では二番手選手を「番手」と呼びますが、ごく単純化して言うなら、「番手」がもっとも有利な位置で、ゴール直前に「番手」位置にいることを狙うのが競輪という競技です。

ところがその「番手」の後方の三番手の選手も、番手が先頭になった瞬間には自分が「番手」になれるわけで、三番手にも勝ち目がないわけではありません。四番手になると、ゴール前で前の選手を抜いて一着になるのは苦しいと思います。だから競輪選手は、基本は三人ずつ一グループになろうとします。これがラインが形成される理由です。まれに四人のラインもできますが、四番手が勝つためには別のラインに切り替えたり、三番手までと違った戦略をとる必要があります。

†人間関係を読む競技

ラインを組む第一の要素は選手が日常的に練習し、師匠弟子関係も多いホームバンク単位です。また県ごとに選手会支部があり地域の結束を図っていて、それも重要な要素になります。その上で北日本、関東、中部、近畿、西日本、四国、九州沖縄など、選手の出身・居住地域などでまとまります。この地域分けは競輪の不文律のようなもので、厳密に理由を説明することはできません。まれに競輪学校の同期生でラインを組むこともありますが。同県や同地域でもラインが組まれないこともごくたまにありますが、それは選手間の仲の悪さのせいだと思ってください。

レースで「ライン」がどのように組まれるかは、スポーツ新聞や予想専門紙には「展開予想」として書かれているほか、競輪場でも「選手紹介」というレース前の試走で示されます。ひとつのレースが終了すると、すぐに次のレースに出走する選手がバンクに登場してのんびりと数周回、足慣らしをするのが「選手紹介」(地乗りとも呼ばれます)で、どのようにラインを組むか示すことになっています。それによってラインの有利不利、レース展開などが予想できるわけです。

競輪学校を卒業したばかりの若手選手は、まずレースでがむしゃらに走ることで鍛えられます。よって、ラインの先頭は年齢の若い、選手になって年数の浅い者になることが多く、その後ろの有利な「番手」には同地域のベテランで競走成績が良い格上の選手が入ると不文律で決まっています。それは実力主義の序列であり、上位選手の特権だと考えてください。

その後ろに格下のベテラン、または地域関係の薄い選手が入ります。すると、九車のレースは自然に三人のライン（先行、番手、三番手）が三つに分かれます。これを「三分戦」といいます。三分戦とはラインが三つに分かれた状態を意味します。

三番手の選手のいないグループが複数できて、二人、二人、二人、三人の「四分戦」もあります。逆に四番手、五番手のいる「二分戦」もあります。それらは若手とか、ベテランでも脚力が強く自力先行を続けているタイプの選手が、ひとつのレースに何人出走しているかで決まります。

また、ラインに参加せず、一人で走ることを好む選手もいます。あるいはラインを組みたいけれど、地域の近い選手がいない場合は望まなくても一人で浮いてしまったりします。一人で走る選手は「単騎」と呼ばれます。

そのように色々なパターンのラインがありますが、基本的には予想新聞や「選手紹介」を見ればラインがどう組まれるか分かるので、自分で考える必要はありません。

†後方待機が有利である理由

さて、どんなに筋力強靭な競輪選手でも、トップスピードの時速五〇〜六〇キロで走れるのは二〇〇メートル前後が限界です。よって、トップスピードでゴールに飛び込むために、レースではゴールの二〇〇メートル前、バンクのちょうど向こう正面（バックストレッチ中間点＝バック）あたりで、ラインが選手全体の先頭に出ることを目指します。そしてバックで先頭に出るのに有利な位置取りをするために、最終周回（それを知らせるために打鐘《だしよう》といって、鐘《かね》を叩くので「ジャン」と呼ばれます）の前から様々な駆け引きをし、選手は牽制しあったり、急発進したりします。そうした流れで競輪のレースは進みます。

たとえば、典型的な展開例としては、三分戦の最後方にいたラインが、ラスト一周で突如スピードをあげてバックストレッチ（向こう正面の直線）で先頭ラインを抜き去りそのまま四コーナーを回ってゴールに飛び込む、というパターンがあります。選手たちは後方の選手がどのような動きをするか把握しにくいので、最終周回まで後方にいるほうが有利な場合があるのです。

逆もあり、後方のラインが上がってくる前に先頭のラインが全力でゴールを目指し、そのまま入線することもあります。このような駆け引きが、競輪の醍醐味です。

陸上競技の一〇〇メートル競走のように、スタートからゴールまでトップスピードを続けるわけではなく、ゴール前まで体力を温存しながら、ゴール直前で先頭位置を奪い合うのが競輪です。

バンクが楕円形のため、高速で走る選手がコーナーにかかると遠心力がはたらき、軌道が外側に膨らみます。大きく膨らみすぎると、そのぶん走る距離が長くなり、イン（内側）の選手に離されます。また、内側に並ぶ番手選手が外にちょっとでも出ると、その外を走る選手は接触をさけて走路が外に膨らみます。それでハンドルをとられるロスが出て遅れてしまいます。

ラインの番手選手は、自分が風よけのために使っている先行選手が追い抜かれないよう、外側を走ってきた別ラインを外側に追い出そうとします。この内側の番手選手の動きを「ブロック」といい、ブロックすることで、ラインの先行選手が逃げやすくしてやるわけです。

追い抜こうとする外側のラインは、必然的にコーナーの遠心力で後退しなければなりません。またはハンドルを振られ安定を失い、スピードが鈍ります。

それによってラインの先行選手が守られれば、番手選手はゴール前で先行選手を追い抜くだけで一着です。しかし最終コーナーで追い抜こうとした選手をブロックしようと外側にハンドルを振りすぎると、そのぶん距離のロスが出て、最短距離を直進した先行選手を追い抜けないこともあります。あるいは番手選手が外に振られれば、前に進路が開くので三番手の選手が先行選手に迫って番手の位置になり、一着の可能性が出ます。さらに先行選手の実力があまりに強く、番手選手がついていけない時に、先行と番手の隙間に入り込む「飛びつき」という戦法で、別ラインの四番手や単騎の選手が番手の強奪を狙うこともあります。

このようにして、ゴール前の一周〜一周半前から、時速五〇〜六〇キロの猛スピードで各ラインが熾烈な位置取りと先行の奪い合いをしているのが競輪競技の基本です。二輪車は人間が動きながら操縦するので不安定な上、スピードがあがると制御が難しく、少しのハンドル操作の乱れが大きな斜行や減速につながります。それによって展開に紛れが生まれ、レースが混乱して穴車券が出たりします。ゴール前で選手の接触による落車もたびたびあります。これが車券を当てる難しさです。

しかし競輪をよく見ている人には、そのレースで何が起きたか、誰の思惑通りになり、誰の作戦が失敗したかがハッキリと見えます。それはレースを見て、目を慣らすしかないと思います。英語のヒアリング上達はネイティブの英語を聞き続けて慣れるしかないのと同じです。そういう意味で、競輪は長年のファンにすればとても「わかりやすい」競技でもあるのです。

†風、傾斜角度（カント）、直線距離

この基本的なレース展開に、各競輪場の独特の環境が強く影響します。横風の強い競輪場は風がレースの不確定要素になります。風のないドーム競輪場（前橋、小倉、千葉）では不確定要素は小さくなります。ほかにもゴール前の直線の長さが各競輪場で違うので、番手選手の追い抜きやすさがまるで変わってきます。直線が短いと、先行選手有利です。長いと、番手以降が追い抜きやすくなり、追い込みでの決着が多くなります。

コーナーの傾斜角度＝カントのきつさ、浅さも大きな要素です。傾斜がきついと遠心力と重力の対比で外側に振られる力が弱まり、コーナーで一気に前の選手を抜きやすくなります。これが「まくり」といわれる戦法です。しかし、コーナーの傾斜角度が浅い平坦なバンクでは「まくり」が決まらないことが多くなります。

各競輪場の特徴は、実際にその施設の競輪を見なければ理解できません。よってバンクの特徴を熟知している地元競輪場所属選手はレースで有利になります。サッカーと同じで、競輪もホームの選手が有利なのです。ただし必ず勝つとは限りません。

そのほか、前述のとおり競輪は通常開催が三日間で予選・準決勝・決勝と日ごとにランクが上がりますが、初日はほとんどの選手（「特選」組以外）が準決勝をめざして走ります。しかし二日目、三日目は準決勝・決勝レース以外は「選抜」「優秀」などと名付けられた「負け戦」で敗者が賞金と競走得点のためだけに走ることになり（敗者復活戦はないのです）、その場合、私が考えるには、選手間の人間関係、義理人情、金勘定などが働く力が大きいような気がします。それだけ着順が読みにくいということですが、そこを考えるのも競輪の楽しさ……と公言できるようになれば立派といえるでしょう。でも、その部分を深く解説すると競輪ビギナーの競技に対する夢がなくなってしまうかもしれないので、このぐらいにしておきます。

初めての人が競輪場に行って競輪を見たり、車券を買うのには、このぐらいの知識があればいいと思います。あとは競輪を楽しめるようになったら、見続けて、レースに慣れて、理解を深めていく、それでいいのです。

競輪は車券を的中させるのが難しい競技です。しかし、逆に言えば高配当になることも多いので、赤字を一気に黒字に逆転させることも可能です。そこにギャンブル的なロマンがあります。

では、いくつかの競輪場を私と一緒に巡ってみましょう。バンクには一周四〇〇メートル、三三三メートル、五〇〇メートルなどがありそれぞれに特徴があります。また立地環境によってレース展開も変わります。

†北海道唯一の函館競輪場

・函館競輪場（北海道函館市金堀町一〇－八）

北海道には地方競馬場と競輪場はあっても、競艇場もオートレース場もありません。そもそも北日本には公営ギャンブルの施設は少ないのです。よって、公営競技はそれほど人気があるわけでもありません。それでも函館競輪場が北海道唯一の、競馬以外の公営ギャンブル場というのは魅力的です。

函館競輪場の良さは、その立地の魅力にあるといえるかもしれません。筆者のように東京に住む人間には、函館空港からバス直行で一五分という近さはとても魅力的です。また

JRAの函館競馬場から歩いて行けるぐらい近いので、開催日程が重なれば競馬に続けて競輪という大名遊びができ、ギャンブルファンにはたまりません。近くに湯の川温泉もあり、遊びに行くにはもってこいの競輪場です。

特観スタンドに上がると四コーナーのむこうに海が望める美しい競輪場です。ただし海が近いということは海風の影響が出るということで、車券を取るのはけっして簡単ではありません。四〇〇メートルの標準バンクで、カントが浅く、直線が短い先行向けですが、風のために先行が勝つとは限りません。

†青森・三内丸山遺跡も観光

・青森競輪場（青森県青森市大字新城字平岡一―一）

本州の北端、青森県青森市にある競輪場で、青森県唯一の公営ギャンブル場です。青森市は港町で駅のすぐ前に観光用市場があったり、闇市風情を残す古びた横丁があったりと、旅人には魅力的な街です。旧競輪場は市内の繁華街から徒歩圏内にありましたが、一九八二年に山間部に新設され移転しました。ゲームキャラのような美少女マスコットキャラクターがラッピングされた派手な色の無料送迎バスが運行されており（東京人には風俗店の宣伝カーに見えてしまいます）、青森駅から三〇分、新青森駅から一五分程度ですが、あまりにも山の中なので、車券がとれず気持ちが腐ってきて、もう帰りたい時に気楽に歩いて市街地まで帰れる雰囲気ではありません。タクシーに乗ると、市街まで二〇〇〇～三〇〇〇円ぐらいかかるでしょう。泣きっ面に蜂です。

ところがこの競輪場の売りのひとつは世界遺産・縄文時代の集落跡、三内丸山遺跡がタクシーで一〇〇〇円程度の場所にあることで、変な時間にどうしても競輪場を離れたい時、タクシーで遺跡まで行くと、そこから市内に向かう路線バスに乗れます。縄文遺跡を見ても、かなり気分転換ができます。周回四〇〇メートルの標準的バンクですが、ゴール前直線が約五九メートルと長めで追い込み選手にやや有利です。山風が強く吹くので、それによって紛れは大きくなります。

†福島・いわき平で直線の攻防を堪能する

・いわき平競輪場（福島県いわき市平谷川瀬西作一―一）

福島県いわき市にある競輪場で、一九六六年に大規模な市町村合併でいわき市が誕生する以前は「平市」で駅名も「平駅」だったことから、その名が今も競輪場の名前に残っています。一九六六年以前は「平競輪場」でした。

市内から歩いて三〇分ほどの場所にあり、地方都市の自然豊かな街道を散歩しながら競輪場に向かう楽しみがあります。かつては地方の競輪場らしい古めかしい競輪場だったものを二〇〇六年にリニューアルし、現代的な施設に生まれ変わりました。二〇一一年の東日本大震災のときには　救援物資の集積拠点として使われましたが、バンクの下の一階部分が広大な駐車場になっているので使いやすかったようです。古い競輪場ではそうした活用法は無理でした。

寒冷地なのでメインスタンドがすべて建物内にあり、ガラス越しに見なければならないのが少し残念です。競輪ファンは金網越しにシャーッという生の走行音を聞きながらレースを見たいのです。ただ、この競輪場は地下道を通ってバンクの内側から競輪を見られる画期的な設計で、猛スピードで四コーナーをまくる選手をコースの内側から見られるのはとても興奮的です。

†新潟・弥彦の風を読む

・弥彦競輪場（新潟県西蒲原郡弥彦村弥彦二六二一）

新潟の弥彦競輪の主催者は弥彦村。日本で唯一の「村営競輪」「村営ギャンブル」であり、その珍しさだけでもそそられます。上越新幹線燕三条駅から無料バス三〇分、新幹線からJR弥彦線に乗り換えて約一五分、弥彦駅で下車し徒歩一〇分あまりという好立地で、ローカルギャンブル場としてはかなり上位にランクインされる施設です。荘厳な弥彦神社が近くにあり、無料バスならその参道にある日本一の大鳥居を通過します。

弥彦温泉、岩室温泉にも近接し、ひなびた温泉場の風情が車券が当たらず荒みきった心を癒やしてくれます。帰りに金銭的余裕があれば、日本海に面した海産物の飲食店が並ぶ寺泊の市場通りに寄れるなど、楽しい場所が多く待っていて旅打ちの妙が得られる競輪場といえるでしょう。

勝ち負けなどどうでも良くなる素敵な競輪場です。私が訪れた二〇〇〇年頃は施設も古くてとても好みだったのですが、どうやら現在も変わってない模様。バックストレッチの向こうには霊峰・弥彦山がそびえています。神社に何度も参拝しましたが、車券はまったく取れませんでした。

四〇〇メートルバンクで直線が長く、いわき平に似た難解コースではあります。やはり山の麓にある競輪場は、風の影響の問題が大きいと分析しています。

†前橋の複合競技場で一獲千金

・前橋競輪場（群馬県前橋市岩神町一－二－一）

日本で最初に作られたドーム競輪場で施設名は「グリーンドーム前橋」（命名権で二〇二二年四月から「日本トーターグリーンドーム前橋」と呼称）、競輪用バンクが常設されていますが、多目的スタジアムなのでコンサートやスポーツイベントなども開催されています。収容人員は一万人以上、前橋市郊外の利根川沿いで、隣に大きな公園があり、市内の盛り場まで歩いて行けるとても素敵な競輪場です。

特筆すべきは車券が当てやすい！　私はこんなに簡単に当たる競輪場はほかに知りません。バンクが三三五メートル、ドームなので風がなく、ゴール前直線も短く、先行選手が圧倒的に有利で、競走得点の高い先行選手が最終周回で後方からまくるとおおむね一着で決まります。予想が的中しやすいという意味では、競艇に似ているといえるかもしれません。その分、配当は安いので一穫千金のロマンはありませんが。

関東圏に住む人は、休日などにいちど訪れてみることを勧めます。もしかすると競輪にはまるきっかけになるかもしれません。予想が的中することの大切さが噛みしめられます。

†日帰り旅行に最適な宇都宮と大宮そして取手

・宇都宮競輪場（栃木県宇都宮市東戸祭一－二－七）
・大宮競輪場（埼玉県さいたま市大宮区高鼻町四－一五－一）
・取手競輪場（茨城県取手市白山六－二－八）

宇都宮競輪場と大宮競輪場はよく似ています。東京近県なので開催日には観客が多く活気があります。そして五〇〇メートルバンクなのでゴール前の直線が七〇メートル近くあり、先行選手はまず勝てません。二番手、三番手も次々と抜かれたりして、入線順位は非常に難解な結果となります。四コーナーを回りきった後に、ゼロからレースがやり直される、そういう感覚で予想する必要があります。

宇都宮競輪も大宮競輪も、どちらも広大な公園の一角に競輪場があり、負けて気持ちが腐ってきた時は、外に出て公園散策などで気分転換することも容易です。

宇都宮競輪はＪＲ宇都宮駅からバスで一五分ほどかかりますが、かつてのトップ競輪選手・神山雄一郎選手（二〇二三年現在、なお現役！）のホームでもあり、ファンの活気を感じられます。

大宮競輪場は、JR大宮駅で東武野田線に乗り換え、大宮公園駅でおりてすぐ。首都圏にあるため常時観客が多く、賑わっています。

取手競輪場は、戦前から終戦後の一九四九年までは競馬場だったという異色かつ独特の経歴を持つ競輪場で、現在は「楽天Kドリームスバンク取手」とネーミングライツされています。といってもそれ以上に特色があるわけでもなく、首都圏から中途半端に遠く、東日本大震災後にバンク・スタンドともに改修されてこちらも中途半端に新しく、意外性がありません。メインスタンドの建物改修後もゴール前の野外観覧席が残ったのは嬉しく、有料のゴール側特観席（指定席）も五〇〇円と安く設定されています。ただ、なんというか、アピールするものがない競輪場なんですよね。

JR取手駅から歩いて一〇分（無料送迎バスもあり）と近いのですが、道中、活気がなく寒々とした取手の街を歩いていると、これから競輪で儲けるぞという高揚感はたちまち消えてしまいます。逆に競輪に負けて、夕暮れの取手をトボトボと歩いていると、自分が本当にダメな人間に思えて、映画の破滅型主人公のような気分になれます。

関東に住む人は日帰り旅行とか、夜の地元酒場めぐりなどを含め軽く一泊旅行など、競輪第一目的で予算をかけずに遊んでみると楽しいと思います。

†小ぶりな千葉と松戸

・千葉競輪場（千葉県千葉市中央区弁天四－一－一）
・松戸競輪場（千葉県松戸市上本郷五九四）

千葉競輪場はJR総武線千葉駅で都市モノレールに乗り換え、ひとつめの千葉公園駅を降りてすぐです。千葉駅から歩いても一五分程度、アクセスはとても良いです。ただ、現状開催しているレースは、一般的な「競輪」とは異なります。

かつて千葉競輪場は屋外型の五〇〇メートルバンクでした。それが今では一周二五〇メートルの屋内型バンクになり、公営ギャンブルの「競輪」とは違う、オリンピックの「KEIRIN」に近い独自ルールの競技を開催しています。入場料が通常は二〇〇〇円と高く、会員登録制のネット投票のみで現金では車券が買えません。新しい試みは興味深くもありますが、中高年にはややハードルが高いかもしれません。

松戸競輪場は一周三三三メートル、ファンの間で「サンサン」と呼ばれる小回りバンクです。小回りでゴール前直線が短いコースならば本来、コーナーのカントをきつく（深く）して、追い込んでくる選手にもまくりやすい利のある設計をすべきと思います。ところが当場のカントは傾斜二九度と四〇〇メートルバンク並に浅く、よって最終周回の三コーナーから一気にまくって上位入線を狙うのがかなり難しく、追い込み型の選手は圧倒的に不利です。

この独特のバンクを楽しみに遠隔地から足を運ぶファンもいるぐらいです。四〇〇メートルバンクで平均的な競輪ばかりしていると、趣向の違う競輪をしたくなるのです。

JR常磐線北松戸駅を降りて、少し歩くとすぐに競輪場に着きます。駅前に競輪客が立ち寄る酒場もあれこれあり、開催日には反省会で盛り上がる声が響いています。

†聖地・立川と、京王閣、西武園、川崎、そして平塚

本書は東京近郊に住んでいる方だけを読者として想定しているわけではありませんが、読んでいる人は東京都在住の方がもっとも多いのではないかと思います。そしてJRAの競馬を嗜む方も多いと思います。そうした方がもし、本書を手にされて少しでも競輪に興味を持っていただけたなら、立川、京王閣、西武園、川崎の四つの競輪場のどれかに足を運んでみることをお勧めします。

・立川競輪（東京都立川市曙町三－三二－五）

・京王閣競輪（東京都調布市多摩川四－三一－一）
・西武園競輪（埼玉県所沢市荒幡一二一五）
・川崎競輪（神奈川県川崎市川崎区富士見二－一－六）
・平塚競輪場（神奈川県平塚市久領堤五－一）

立川競輪場はＪＲ立川駅から少し離れていますが、徒歩一五分と歩けない距離ではなく、無料バスも出ています。

京王閣競輪場は京王線京王多摩川駅を降りてすぐ近くにあり、競輪開催時は、競輪場の目の前に出られる臨時改札口が便利です。駅前には居酒屋や立ち飲みが並び、競輪ファンが新聞を眺めながら楽しそうに飲んでいます。

西武園競輪は埼玉県所沢市、西武園ゆうえんちの隣にあります。

川崎競輪は神奈川県川崎市にありますが、ほとんど東京都内といっていい近さです。ＪＲ川崎駅から徒歩一五分程度、無料バスも出ています。昭和世代のプロ野球団には大洋ホエールズやロッテオリオンズのホームとして懐かしい川崎球場があった場所の隣です。すでに球場はありませんが、かつては球場の外野スタンドから競輪場が見え、開催が重なると野球の試合中にジャン（打鐘）の音が聞こえました。

この四つはどこもすべて競輪場の楽しさを満喫させてくれる公営ギャンブル場です。観客の多さ、アクセスする道沿いの怪しさ、場内の売店の楽しさ、そして簡単そうで難解な四〇〇メートルバンクの競輪の醍醐味。競輪を愛する有名人の多くは、おそらくこの四場のどれかを「ホーム」と位置づけていると思います。

私はなんとなく京王閣競輪が身近ですが、年末に競輪グランプリが行われる立川競輪場こそ競輪のメッカと主張する人も多くいます。いずれにせよ、この四場は説明するより行ってみよ、と思います。そこには必ず、生々しい「ザ・競輪」があります。そしてそのあとに再び本書を開いて、ああ、ここに書いてあることは、こういうことだったんだ、と感じてほしいと思います。

そして、平塚競輪場。茅ヶ崎や鎌倉に泊まりがけで遊びに行くときには、一日スケジュールを空けて平塚競輪の日にしたいなと考えるほど、ここはとても良い競輪場です。ネーミングライツにより、今は「ABEMA湘南バンク」という名前で呼ばれています。

四〇〇メートルバンクは癖がなく、波乱も少ない標準的競輪場ですが、ゴール前の無料席が開放的で見やすく、飲食店も充実しているのでギャンブル場B級グルメを堪能しながら競輪を見たいビギナーは至福の時を味わえるに違いありません。アルコール類もあります。駅から歩いても遠くなく、観客も適度に上品です。

　東京にけっして近いという立地でもないのに、何年かに一度は年末の競輪グランプリ開催が回ってくるのも分かります。

†温泉旅行とセットで小田原、伊東温泉はいかが

・小田原競輪場（神奈川県小田原市城山四－一〇－一）
・伊東温泉競輪場（静岡県伊東市岡一二八〇）
　小田原や伊東は温泉の名所であり、この二場は観光ついでに寄って遊んでみるタイプの観光競輪場ですが、それぞれに特色があり、それを理解して遊びに行ったほうが良いと思います。

　ＪＲ・小田急の小田原駅から徒歩で一〇分程度（送迎バスなら五分）ほどの小田原競輪場は「サンサン」つまり周長三三三メートルのバンクで、ゴール前直線がわずか三六メートル、選手にすればほぼ円形のバンクという印象ではないかと思います。

　そのぶんカントが非常にきつく、バックストレッチから目一杯まくりかければ、四コーナーを出たところで坂下のゴールに落下してゆくような感じで一着が決まります。ただ、

全選手がそれをやっていてはゴール前でガッシャーンと衝突落車になることは必至で、最終周回前の駆け引きに見どころがある競輪場です。

伊東温泉競輪も三三三バンクですが、ゴール前直線が長く小田原とは傾向の違う結果が出ます。比較的カントがきつく、直線が長いので、バックストレッチから一気にまくりを仕掛ける選手が目立ちます。

伊東温泉競輪の最大の見所は施設の古さで、近年、施設の老朽化で改修する競輪場が多い中、西の京都向日町《むこうまち》競輪場、奈良競輪場と並んで昭和のスタイルを感じさせるスタンドがあります。何年か前にこの競輪場へ私が行った時、スタンド二階席のあちこちから雨漏りがしていました。そんな雰囲気も、実は競輪ファンには嬉しいものなのです。

二〇二二年秋に一部改修され、四コーナー側に新しいピカピカの特観席ができましたが、昔ながらのゴール前スタンドもうらぶれたままです。たまに手元の仕事をすべて捨てて遊びに行きたくなります。

†静岡で、名物おでんやマグロ料理を

・静岡競輪場（静岡県静岡市駿河区小鹿二ー九ー一）

静岡競輪場へは、ＪＲ静岡駅から送迎バスで一五分ほどかかります。徒歩ではやや厳しい距離です。最寄りの東静岡駅からでも徒歩二〇分。送迎バスの利用が無難です。ただし入場してしまえばとても楽しい競輪場です。

一コーナー側のスタンドから、天候の良い時は富士山がくっきりと見え、神々しい気分になります。食堂では静岡名物のおでんや、珍しいマグロ料理も食べられたり、場内に活気があり満足度の高い競輪場です。

競輪を終えて静岡市内に戻っても、良い酒の飲める酒場、横丁があちこちにあります。静岡は公営ギャンブルファンにはほんとうに天国です。

そして、こうした活気のある、ビギナーが入場しても楽しさを感じられる競輪場の、日本の西の端が、静岡競輪ではないかと私は考えます。

というのも、競輪は西日本ではまったく人気がなく、特別競輪・記念競輪などビッグレースを別にすれば、競輪場の入場者数はガクンと減ってしまうからです。それについては以後の競輪場紹介でまとめて書きますが、静岡競輪場では「競輪は関東のものだな」としみじみと感じてください。

三　西の競輪場を盛り上げたい

†中部地方の競輪場

・名古屋競輪場（愛知県名古屋市中村区中村町字高畑六八）
・豊橋競輪場（愛知県豊橋市東田町八七）
・岐阜競輪場（岐阜県岐阜市東栄町五‐一六‐一）
・大垣競輪場（岐阜県大垣市早苗町一‐一）
・四日市競輪場（三重県四日市市羽津甲五一六三）
・松阪競輪場（三重県松阪市春日町三‐一）
・富山競輪場（富山県富山市岩瀬池田町八‐二）

中部の競輪ファンのみなさんにはひとまとめにしてしまって申し訳ないと思いますが、関東から比べれば、競輪人気はガクンと下がります。

名古屋競輪場はまあ人口の多さもあってそれほど閑散とはしませんが、かつて全国の競輪ファンのハートに「中部はひとつ」の言葉を刻みつけた中部ラインの中心選手・山田裕

二、山口幸二・富生兄弟、濱口高彰、加藤慎平などが所属した大垣競輪場、岐阜競輪場などでも、行ってみれば寂しい風が吹き荒れています。

旅打ちに燃えて、遠くから最寄駅に降り立ち、無料送迎バスで地元のオッチャンと交わりながらローカルな競輪場に赴くのは楽しいものですが、やはり場内にある程度の賑わいは欲しいなと思うのです。名古屋はもちろん、岐阜市や四日市市の市内ナイトツアーはとても充実します。松坂はどんな場末の酒場でもうまい牛ホルモンが出てくる。そういったことに喜びは感じられます。

この中でひとつだけ、北陸地方にポツンとある富山競輪場はＪＲ富山駅から市電に乗って二〇分ほど揺られ、降りた停車場の前にあります。立山連峰を望む美しい競輪場ですが、観客の少なさにはやはり滅入ります。

†近畿の競輪場

・福井競輪場（福井県福井市明里町二－六五）
・奈良競輪場（奈良県奈良市秋篠町九八）
・京都向日町競輪場（京都府向日市寺戸町西ノ段五）

・和歌山競輪場（和歌山県和歌山市五筋目一〇－一）
・岸和田競輪場（大阪府岸和田市春木若松町二二－三八）

近畿の競輪場もひとまとめにしてしまってすみません。

福井競輪場へ私は三度訪れて、そのいかにも鉄火場的な昭和ムードに惚れ惚れとしたものです。南海線和歌山市駅から歩いてほど近い和歌山競輪場も、正面スタンドからのレースの見やすさは群を抜いていると感じました。向日町競輪場は京都府にある競輪場です。京都の四条河原町あたりに宿を取り、阪急電鉄京都本線の東向日町駅で降りて、さらにバスで上り坂を延々と走ります。大都市京都の競輪場だからと雅《みやび》な施設を想像すると、あまりの古さにあ然とします。

岸和田競輪場はＫＥＩＲＩＮグランプリも開催されるほど立派な施設ですが、ヒラ開催の入場者はけっして多くありません。入場者が少ないということは、売店なども休んでいたり、飲食のメニューの種類が少ないなど、場内での楽しみが小さくなります。

競輪がブームだった七〇年代や八〇年代には、どんな賑わいだったのだろうと想像してしまいます。

†中国・四国の競輪場

・玉野競輪場（岡山県玉野市築港五－一八－一）
・広島競輪場（広島県広島市南区宇品海岸三－六－四〇）
・防府競輪場（山口県防府市国分寺町八－二）
・高松競輪場（香川県高松市福岡町一－四－四六）
・小松島競輪場（徳島県小松島市横須町五－五七）
・高知競輪場（高知県高知市大原町四五）
・松山競輪場（愛媛県松山市市坪西町七九六－六）

中国・四国もまとめてしまってたいへん恐縮です。ここにまとめた競輪場も、やはり入場者は多くありませんでした。ただしどこも施設としては楽しい思い出ばかりです。

防府天満宮のある天神山を見上げる防府競輪場や、スタンドの間から海の見える小松島競輪場が私好みの競輪場で、そこそこ車券も取れたように記憶しています。

高松競輪場もとても良かった。プロ野球の試合も開催される松山中央公園野球場（坊っちゃんスタジアム）の隣にある松山競輪場は思いのほか新しい未来的な施設で意外性がありました。

高知競輪場は五〇〇メートルバンクの内側に陸上競技用の四〇〇メートルトラックがあるのが珍しく感じました。かつて兵庫県で西宮競輪が行われていた時は（二〇〇二年に廃止）阪急ブレーブスのホームグラウンドだった西宮球場の内野部分にバンクを作って開催していました。そういう変則競輪場を思い出させます。またジャンが梵鐘ではなく中国の京劇に使うような銅鑼で、ドジャーン！　と鳴るのがとても面白かったです。

二〇二二年にリニューアルオープンした玉野競輪場は改修前とは打って変わり、レストランやカフェからバックストレッチの向こうの瀬戸内海が望める美しい施設になっていました。小腹がすいてカフェのお姉さんに「アイスはないの？」と聞くと、「ジェラートなら」と言われ、赤面しながら注文しました。

新装玉野競輪の良いところは、ふつうはバックストレッチ側にある敢闘門（選手の入退場ゲート）が正面スタンド側にあり、入場時に観客が選手に声をかけやすく、退場時にものすごい呼吸の乱れ方やフラフラで自転車を押して戻る姿が目の前で見られることにあります。人気をかぶりながらも負けてしまった選手がゼーゼーハーハー息を切らして敢闘門へ帰ってくるのを目にすると、罵声を浴びせるのは気の毒になりますが、地元のお客さんは「情けねえな、ドアホ！」と容赦ない言葉をぶつける人もいて、さすがと思います。

敢闘門がゴール側という設計は新しく、競輪を楽しくするひとつの手だとは思います。選手はあまり良く思ってないでしょうが。

†九州の競輪場

・久留米競輪場（福岡県久留米市野中町二）
・武雄競輪場（佐賀県武雄市武雄町四四三九）
・佐世保競輪場（長崎県佐世保市千尽町二ー五）
・別府競輪場（大分県別府市亀川東町一ー三六）
・熊本競輪場（熊本県熊本市中央区水前寺五ー二三ー一）

日本列島を西に行くほどに競輪は人気がなくなるような気がします。

一〇年ほど前に山口県の防府競輪場に向かうために乗ったタクシーで「佐世保競輪は売上が一日七〇〇万円という時があった」という運転手の話を聞き呆然としたことがあります。それだけ九州の競輪人気は底を打っていたということです。不人気の理由は、競輪はレース展開が難解で当たりにくいことでしょう。公営ギャンブルをするなら、当たりやすく施設の綺麗な競艇を選ぶ人が多いのだと思います。

二〇一六年の熊本地震以降、開催休止を続けている熊本競輪場へ私は二〇一三年に訪れましたが、その時点であまりの閑散ぶりに「これは長くないな」と感じたものでした。ただ、熊本市は施設を改修し、二〇二四年の再開を目指していると報道されています。ナイタ一レースのネット投票で売上が見込める時代になったからでしょう。かつての広々とした五〇〇メートルバンクは四〇〇メートルバンクに改修されるようです。

CS中継や動画配信が普及、ナイター開催でアフターファイブにネット投票する若者が増えつつある昨今、入場者数は減少しても車券の売上は回復しており、施設を存続させる大義名分は確立したように思えます。

ただ現行の競輪場リニューアルは投票券の自動発券機メーカーが主導して施設そのものを買い上げ改修するような形式が主流で、かつて制服を着た女性が手渡しで車券を売っていた穴場はなくなり、壁に自動券売機が埋め込まれている殺風景なスタイルばかりになりました（それは競輪場ばかりではありませんが）。リニューアルされる競輪場は、どこかに昭和的な風情を残してほしいものですが。

久留米競輪場はかつて競輪界のレジェンド・中野浩一が所属した競輪場ですが、スタンドの荒みぶりなども含めてスター選手を輩出した輝きはありません。そして、そうした遺跡めいた競輪場を巡る屈折した楽しみから、私はどうしても抜け出すことができません。なので今、存続している九州の競輪場はすべて回りました。

久留米も武雄も佐世保も、競輪場がなければ旅行で訪れることはなかったかもしれません。その意味では競輪場には感謝しています。そして、僅かでもいいから入場者が増えることを祈ります。そこだけは変わってほしいとの願いで私は本書を書き始めたのです。

†日本の競輪発祥の地、小倉競輪場

・小倉競輪場（福岡県北九州市小倉北区三萩野三−一−二）

小倉競輪場は日本の競輪の発祥地です。そのためかつては競輪場にも多くの人が訪れ、吉岡稔真という名選手も生み出しました。私が一九九六年、改修前の小倉競輪場に行った時はまだ吉岡稔真が全盛期だったこともあり、彼の出場しないヒラ開催でもスタンドは多くの観客で賑わっていました。アクセスもモノレールの香春口三萩野駅から徒歩一〇分弱と便利で、盛り場からもそれほど離れていません。

その旧競輪場の隣接地に日本で二番めのドーム競輪場、なんと二万人の観客を収容する北九州メディアドームが完成し、旧競輪場は解体されました。

小倉は、ＪＲＡの競馬場や若松競艇の旅打ちで何度か訪れ、とても好きな街です。しかし二〇〇一年以降しばらく小倉を訪問する機会がなく、二〇二三年にようやく初めてメディアドーム競輪を体験しました。グリーンドーム前橋で先行絶対有利のドーム競輪を経験していたせいで、ここも同じだろうと高をくっていたのですが、四〇〇メートルバンク、ゴール前直線約五七メートルのバンクは追い込みもよく決まり、配当も荒れてかなり難解でした。

無風ゆえに三〜四コーナーでスピードに乗りやすいので、まくりを決めやすいとの分析もあるようですが、やはり何度か行ってレースをじっくり見ないとバンクの特徴は理解できないと、改めて競輪の難しさに初心にかえり気持ちを引き締めました。

小倉は、また機会と経済的余裕があれば行こうと思います。

そして、やはり残念なのは入場者の少なさでした。小倉競輪は無観客のミッドナイト競輪（ネット配信・ネット投票専用の夜間開催競輪）が多いせいか、地元住民は目の前で生の競輪を見ることに興味が薄れているようにも思いました。

このドーム競輪場も選手が入退場する敢闘門がゴール側にあり、観客の声がよく届きます。ただ、平日午後からのナイター平場開催には二万人収容のドームに五〇〇人程度しか観客がおらず、寂しいと言うよりは、豪華な施設なのにもったいないとの印象でした。

昨今の競輪場には珍しく、対面・手渡しで車券を売る穴場の設備が残っていました。入場者が少ないせいか、無人のままでしたが、年末の特別競輪（G1）・競輪祭はまた別の景色になるのでしょう。そういう賑わいのある時に再訪したいものです。

四　競艇場へ行こう

†競艇と日本財団

競艇は六艇のモーターボートがゴール入線順位を競う競技で、全国に二四の競艇場があります。一般に「競艇」と呼ばれていますが、法令上は「モーターボート競走」、競走実施機関である財団法人日本モーターボート競走会は「ボートレース」の呼称を使っています。まだ「競艇」の呼称が通りがよいので（それに私の好みも）、本書では主に「競艇」の語を使うことにしています。

競艇の収益から支出される交付金の運用はかつて「日本船舶振興会」と呼ばれていた日本財団（二〇一一年に名称変更）が担当しています。「日本船舶振興会」は七〇年代、笹川良一が出演するCM（♪戸締り用心火の用心「一日一善」。「人類みな兄弟！」）で記憶している人も多いと思います。

競輪と同じく、出場選手は全国から招集され、抽選でレースに割り振られます。選手の実力を示す指標は、下からB2（級、以下略）、B1、A2、A1という四つの階級で、これはすべてのレースの勝率、連対率で決まります。レースの順位を予想する上でもっとも重要な要素です。女子選手も多く、男子と女子が同じレースに出場します。女性だけのレースもあります。

†競艇の勝ち負けは「引き波」から始まる

競技はモーターボートが一周六〇〇メートルの水上コースを三周回り、ゴール入線順位を競います。

周回とはいっても厳密な楕円形コースではなく、プール等の中央に三〇〇メートル離れた周回の目印ブイ＝ターンマークが浮いている直線折り返しコースと考えたほうがいいでしょう。直線の末端にあるブイをUターンに近い急角度で旋回しなければならないので、直線航走のスピードよりもターン技術の優劣が勝敗を決する要素になります。

レースの不確実要素の最大ポイントは水上で行われることにあります。

競輪やオートレースは平坦な固形路面をゴム車輪を圧着しながら走るので、スピードが出ても車体はそれなりに安定走行します。対して競艇はボートを動きのある水面に浮かせプロペラ（いわゆるスクリュー。マニアは「ペラ」と呼ぶ）の回転を推進力に動くので、地上競技に比べ船体は常に不安定な状態にあり、船艇の推進力以外にも波や風、水の流れなどに大きな影響を受けます。それによってレース展開の不確実性が大きくなり、波乱が起きる点がギャンブルとしての独特の味になっています。

もっとも大きな影響はボートの推進によって起きる航跡、いわゆる「引き波」で、最初のターンで一マークの周囲に密集した艇が起こす引き波はその外側と後方に波及し、隣でターンするボートの動きに強く影響を与えます（逆に外側の艇が内艇に接近して影響を抑え込む「ツケマイ」と呼ばれる高度なターン技術もあります）。そのため他艇の引き波の影響を受けない、最初のターンで先頭になった艇がもっとも有利で、直線で追い抜かれなければ、そのままゴールまで押し切るケースが多くあります。

多くの競艇場はターンマークに近いコースの内側を回る一枠二枠（イン）が圧倒的に有利で、どこの競艇場でも舟券はまず一番二番からというのが基本です。一番艇と二番艇を舟券の頭（一着と二着）にすれば、残りは四艇しかないわけで、三連単の賭式で予想しても的中しやすいのが競艇です。

この「当たりやすさ」が競艇の人気を絶対的なものにしていると私は考えます。ギャンブル本を書いている本人が言うのも変ですが「私でも的中します！」と大声でいえるのが競艇です。

もちろん各競艇場はコースの設計や施設環境に違いがあり、それぞれにレース展開の特徴があるので、そこを理解するのが予想を的中させる条件になります。そして、そうした特徴の把握がもっとも難しいともいえます。

内枠有利は絶対的ですが、外枠（アウトとも言います）でも猛スピードでスタートして一マークを大回りして先頭でターンするケースもあります。アウト枠の艇が一着にはいると、連単の払戻しはかなり高くなります。当たりやすいとは言っても波乱もあり、一筋縄ではいきません。

†船艇、モーター、プロペラ、すべて競艇場の所有物

競艇と他の競技の大きな違いは、ボートやモーター（エンジン）、プロペラまでが、公平性の確保の大義名分のもと、開催する競艇場の所有物を抽選で貸与している点です。

競輪なら自転車、オートレースならバイクは選手の個人所有物ですが、競艇だけは船体、モーター、プロペラなど使用機器を貸与制にしており、抽選で選手に引き渡される船体やモーターの好不調、整備の適不適などによって、レース結果に影響が出ます。そこが他の公営競技との大きな違いです。

過去には不良モーターを引いてしまったために負けたという例もありましたが、近年はモーターの製造技術が向上したせいか、性能が平準化して、モーター個別の性格があまりレースに影響しないような気もします。

また以前は「持ちペラ」といって、プロペラを選手が個人所有して持ち込めた時代もありましたが、この制度は二〇一二年に廃止となりました。プロペラの改良研究に選手が時間をとられすぎるという理由のようです。

ただ、モーターにせよペラにせよ、場内で選手が整備・調整するのは自由であり、好成

績のために選手は日夜、研究を続けて整備技術を磨かなければなりません。競艇選手は自動車レースにたとえるなら、ドライバーだけでなくエンジニア、ピットクルーの役割も兼務しなければならないのです。モーターやペラの整備技術の研鑽は競艇についてのドキュメンタリー番組ではもっとも絵になるため重要な場面に使われますが、実際に整備の結果がどの程度レースに反映されているかは観客に分かりません。そのあたり、場内の整備室には入れない一般観客にはもどかしい部分です。ただ、ランクが上位の競艇選手は、間違いなく整備技術も高いレベルです。

モーターの性能や整備の出来を示すイベントとして、レースの前に「周回展示」「展示航走」と呼ばれる各選手の単独試走が行われ、コースを二周した時間（展示タイム）が公表されます。そこに唯一、観客がモーターやペラの調子を知る手がかりがあります。でも、私は予想の手がかりにしません。レース本番との因果関係を発見していないからです。まして ビギナーは展示タイムについて深く考えなくても良いと思います。長く競艇場通いを続けながら、関連を発見していけばよいのです。

競艇の開催は一般的に六日間制で行われます（トーナメント戦のように四日間で行われる変則開催もあります）。

一開催のうち四日間は「予選」に当てられ、各選手は五走から六走して着順点を競います。一着一〇点、二着八点、三着六点、四着四点、五着二点、六着一点というポイントが着順点で、予選全走の合計のポイント上位者が五日目の準優勝戦に進めます。さらに準優勝戦三レースの上位二名ずつが優勝戦に進みます。準優勝戦・優勝戦の枠順は点数上位から内枠に入るように決められています。予選では四日間で五走か六走するので一日二レースに出走する選手も出ます。

レース前、最初に船艇が発進する位置を「ピット」といい、艇が収まっているピットの位置が「枠」です。競艇は基本的に内枠有利の競技なので、内枠ばかり出走する選手が出ないよう、予選では選手をなるべく一～六枠すべてに割り当て、公平を期しています。枠順を決めるのは番組編成員という職員で、枠順は平等を期して、二走する選手は内枠と外枠、どちらにも入るよう番組が作られていますが、そのあたりは一定のルールがあるわけではなく、番組編成員の技量で調整されているようです。なぜかというと、人気選手が優勝戦に出揃って、実力の拮抗したレースになるほうが、売上が高くなるからです。

準優勝戦に進めなかった選手は、五日目以降は一般戦を走ることになります。一般戦はその先がないので、選手は着順点と賞金を稼ぐためだけに走ります。

ただ、着順点はB2からA1まで四段階ある階級の昇格・降格を左右する勝率に関係するため、選手はたとえ「負け戦」と呼ばれる一般戦でもレースを捨てていいわけではなりません。とはいえ、不可解な結果に「何かあるな……」と考え込ませるあたりは選手の金勘定や人情が絡む非常に公営ギャンブル的な要素であり、舟券の予想段階でも勘案しなければならない部分です。

†ボートレースの進み方

前述したとおり、枠番号はピットの位置で一番から六番まで割り振られます。ところが必ずしもピットと同じコースでスタートしないのが競艇のルールの独特かつ面白いところで、ピットを離れた各選手はまず二マークの先にあるオレンジブイを回った位置でモーターを回したままで待機しなければなりません。これは「待機行動」といって、かつてスタート前にエンストを起こすモーターが多発したために、それを防ぐためのルールとされていますが、今では競艇独自のスタイルとして、予想の重要な要素になっています。

待機位置からスタート位置までの選手の動きはある程度自由です。無理な割り込みや接触など違反行為にならない限り枠番三番とか六番の選手が、スタート時に一枠に入っていても問題ありません（一枠を譲る選手はいないので、そのような事例はほとんどありませんが）。よって選手はなるべく内のコースに船を移動させる動きをとることがあります。

このレース前のスタート位置の取り合いを「コース取り」または「進入」といい、かつてはこの「進入」は一発勝負で、展開を予想する上で大事な要素でした。実力のある選手は外枠に当てられても待機位置から強引にインコースを取りにいったり、ベテラン選手同士が一コースを奪い合ったり、待機行動中にすでに勝負が始まっていたのです。

現在はレース前に「スタート展示」という、進入をあらかじめ観客に示すイベントがあり、選手のコース取りの狙いがおよそ分かるようになりました。競輪において、あらかじめラインを組んでみせる「選手紹介」と同じ意味をもつイベントです。それでも実際にレースが始まるとスタート展示と違ったコース取りになることもあります。水上を船艇が移動している以上、操縦が思い通りにならない状況もあるというのが建前です。「スタート展示」と実際の進入が異なった場合、事前の予想がまったく無駄になるわけで、観客を呆然とさせたり怒らせたりします。もちろんそれも競艇の特徴です。

ちなみに枠順通りのコースでスタートしなければならない「進入固定競走」というレースが組まれる競艇場もあります。

二分前後の待機行動のあと、各艇の選手はコースに入りますが、スタートはゲートが開いたりピストルが鳴ったりすることはなく、ゴール付近にある大時計が零秒（零時の位置）を示してから一秒以内にスタートラインを通過すれば良いというものです。大時計の針が急に早く回り始めるのが合図です。必ずしも全艇が一直線に揃っておらず、零秒前にスタートラインを越えるフライングさえなければＯＫです。外側枠、四枠、五枠、六枠の選手は艇をピットの近くまで下げてスタートします。これはスタートライン通過後、内枠より速いスピードで一マークに達してターンしようと助走を長くとるための行動で、「ダッシュスタート」または「カマシ」などと呼ばれます。

内枠の選手は確実に小回りターンを決めれば勝てるので必要以上にスピードを上げる必要がなく、スタート線に近い位置からゆっくり助走します。これを「スロースタート」といいます。長く助走をとりダッシュスタートをする艇のうち、インに近い枠を「カド」と呼び、三（枠）カド、四（枠）カド、五（枠）カドなど、ダッシュスタートする枠は競艇場別のコースの構造によって変わってきます。外枠選手のダッシュスタートが効いて先頭でターンできれば高配当になります。外枠の勝率が比較的高いコースもあり、選手の技術やアウト枠の勝率などを総合して番組表を眺めながら高配当の舟券を狙うのも競艇の醍醐味です。ただ、競艇の多くのレースは一枠、二枠、三枠の内枠の艇が上位に入ります。

ほとんどのレースは最初の一マークを先頭で回った艇がそのまま先行し続けて、ほぼ一着でゴールインします。接触や転覆などの大きな事故がない限り、一マークの先頭艇が一着です。よって観客の緊張はスタートから一マークまでが最高潮で、一マークをターンしたところで予想がはずれた客が早々と席を立つ姿も見られます。これは最終周回の四コーナーを回ってゴールインするまで一着がまったく分からない競馬、競輪、オートレースと違うところです。

競艇は六〇〇メートルコース三周のレースなので決着が早く、次々とレースが進んでいきます。客を退屈させないこのスピード感も、競艇人気の理由かもしれません。

†競艇場はどこも清潔

さて、ここからは競艇場の造作を見ていきましょう。まずはスタンドです。競艇は全国的に人気があり、売上も良いことからほとんどの施設は平成時代に改修された新しく清潔なスタンドをもっています。ガラス窓のある二階、三階の室内スタンドから見るスタイルが多く、それがもっとも見やすいです。

もちろんプールの近くに陣取ってモーターの轟音を聞きながらレースを見ている観客もいますが、競艇はコースに傾斜のある競輪やオートレースと違って視点が低いとレースが見にくいため、ほかに比べてコースの近くで見る観客は少ないように思います。

新しいスタンドはショッピングセンターのように清潔で、鉄火場のような雑然とした施設が好きな私は、いつも競艇場に行くと物足りなさを感じてしまいます。

競艇場のレースコースは多くがプールで、レースの展開にもっとも大きい影響を及ぼすのは、風です。一部に海や川とつながっているコースがあり、それらは流れや波、潮の干満の影響を受けることになります。また東京にある江戸川競艇場のように、本物の川（中川）をコースにしている特別な施設もあります。そのあたりも含め、全国にどんな競艇場があるか見ていきたいと思います。

なお各施設名は「ボートレース○○」ですが、本書では「競艇場」と表記します。

†群馬県みどり市なのに名前は「桐生」の理由

・桐生競艇場（群馬県みどり市笠懸町阿左美二八八七）

栃木県との県境に近い群馬県みどり市（旧新田郡笠懸町）にある日本で最北端・最東端

の競艇場です。桐生市ではないのに「桐生競艇場」なのは、オープン当初は桐生市が主催者だったためです。その後売上不振による廃止騒動を経て桐生市は撤退、現在はみどり市が主催者で開催されています。競馬場や競輪場は北海道や東北にもあるのに、なぜこれだけ人気のある競艇は群馬県が北端なのか不思議です。かつて秋田県の八郎潟（大潟村）に競艇場を作る計画が提案がされたことがありました。しかし八〇年代以降、一般市民に公営ギャンブル場を迷惑施設と考える傾向が強くなり、新設できる状況はありませんでした。

桐生競艇場はＪＲ両毛線岩宿駅、東武桐生線阿左美駅それぞれから徒歩で一五分、無料送迎バスで五分ほどですが、両毛線、桐生線ともに列車は一時間に一〜二本しか走っていないので、時刻表スケジュールを確認して赴くことが大事です。

施設は阿左美沼という巨大な灌漑用水の沼（自然沼と人工沼それぞれがある）の中央にあり、人工沼の用水を使った淡水プールの競艇場です。

冬場は赤城おろしの北西風が強く吹きまくり、外枠からまくろうとするボートは吹き飛ばされてしまうので、内枠が圧倒的有利です。的中させやすい反面、配当は低く、しかもスタンドの外は猛烈に寒い競艇場です。夏は風があまりなく、アウト枠にもチャンスがあります。施設は新しいですが、場立ちの予想屋が並んで声をはりあげる、懐かしい風景が見られます。首都圏に住んでいる人は、桐生か伊勢崎に泊りがけするつもりで遊びに行くのがいいでしょう。東武桐生線の藪塚という駅にはひなびた温泉街があります。

†狭さがレース展開に及ぼす影響

・平和島競艇場（東京都大田区平和島一－一－一）
・多摩川競艇場（東京都府中市是政四－一－一）
・戸田競艇場（埼玉県戸田市戸田公園八－二二）

首都圏の競艇場です。平和島競艇場は東京都大田区、多摩川競艇場は東京都府中市、戸田競艇場は埼玉県戸田市ですが、東京都とのほぼ境界線上にあって東京からも多くのファンが押し寄せます。首都圏の競艇のメッカであり、観客も多くその賑わいにはスタンドに足を踏み入れただけで元気が出てきます。

これらに共通するのはプールの狭さで、首都圏という立地に関係しているのかもしれません。平和島競艇場、戸田競艇場は一マークからスタンド側までの幅が三七メートルと日本屈指の狭さで（通常は四〇メートル以上ある）、外枠が猛スピードで一マークに到達するとインの艇はうまくターンできずに後方に置いていかれます。平和島はプールが海水とつながっているので干潮満潮による影響も受けます。どんな影響？　と言われても簡単に説明するのは難しいので、通いながら勉強してください。

首都圏の競艇場はみな西日本にある競艇場とはレース展開の傾向が違っているので、関西から遊びに来た競艇ファンは「どうなっとんのや？」と面食らったりします。

多摩川競艇場はゴール前のメインスタンドが今でも吹きさらしの階段席で、柱が多くて見にくいという意見もありますが、私は古いスタンドのほうが味があって好きです。

多摩川は競艇場前に駅があり、平和島や戸田も送迎バスが頻繁に往復しているのでアクセスの難しさはありません。ただ、レースが少し難解なだけです。

†貨物船も通航する難解なコース

・江戸川競艇場（東京都江戸川区東小松川三－一－一）

東京都江戸川区にある競艇場ですが、ここだけ別枠にしたのはズバリ、「競輪」ファンがもっとも愛する競艇場だからです。「競艇は一マーク回って決まりだからなあ……」とくさす競輪一途なファンも、江戸川だけは「最後までわからないから面白い」と評価します。そのとおり難解度は全国ピカイチで、この江戸川競艇場で的中舟券を手にするために全国からファンが聖地巡礼にやってきます。

なぜ難解かといえば、当場だけが唯一、実際に流れている川（中川）をコースにしているからです。川なので急な流れがあり、河口に近いので干潮満潮の影響も受けます。なんと、競技と関係ない貨物船なども通航するので、通過待ちでレースが遅れるわ通過船の引き波の影響受けるわで展開に大いに紛れが出るのです。一マークとスタンド側の水路の幅も狭く、流れや潮位、当然、風の影響もあってレース環境は毎回違い、その力関係をどう反映させれば舟券が取れるのか、頭脳をフルに使うことになります。ガラス張りの立派な大型スタンドもありますが、天気の良い日は露天の堤防スタンドで観戦するのが気持ちいいです。

ＪＲ総武線の平井駅より無料送迎バスが出ており、所要時間は一五分ほどです。地下鉄都営新宿線船堀駅からもバスが出ていますが、徒歩でも一五分ほどで着きます。

†ゴージャス、おしゃれな観覧席

・浜名湖競艇場（静岡県湖西市新居町中之郷三七二七－七）
・蒲郡《がまごおり》競艇場（愛知県蒲郡市竹谷町太田新田一－一）

・常滑《とこなめ》競艇場（愛知県常滑市新開町四－一一一）

東京の競艇場より西の競艇場が一気に中部地区になるあたり、関東圏における競艇場の少なさを感じます。関東圏は人口や企業が多く、競技場に使用できる土地が限られるため、広いプール用地を必要とする競艇場よりも、狭い土地に施設が作れる競輪場が合理的だと選択されたのではないかと私は考えます。

浜名湖競艇場は浜名湖の遠州灘に近い汽水域に作られたプールコースで、多少、潮位の変化があるといわれています。ただし、海水を引いたプールのような干潮満潮による大きな影響は感じません。風光明媚な浜名湖沿いに、西洋の宮殿のようなおそろしくゴージャスな巨大建築物があり、それが競艇場だと分かると初めて訪れる人間は驚きます。

蒲郡競艇場も常滑競艇場も近年、新スタンドが竣工してレンタルオフィスのような個室席（蒲郡）やカフェのようなオシャレな観覧席（常滑）まである豪華スタンドになってしまいました。女性と一緒に行っても抵抗感のないような現代的な施設になったようです。

かつて二〇〇〇年頃に私が訪ねた頃は古めかしいスタンド施設でした。どて丼や串に刺した練り物などB級グルメが屋台風の売店に所狭しと並び、中高年の競艇ファンが年甲斐もなく店頭に群れていたのを思い出します。そういう風景が公営ギャンブル場と考える私はもう古い人間なのでしょうか。

蒲郡も常滑も海水のプールですが、水門で遮断しているので潮の満ち引きの影響は少ないようです。浜名湖も含め、どこもプールが広大でターン域が広いため、外枠の艇の猛烈なダッシュスタートや勝負に出た豪快なマクリが見られます。そこは首都圏の競艇とは一味違う展開です。

陶器の町である常滑の競艇場には高さ六メートルの巨大な招き猫像があり初めての客を驚かせます。

蒲郡競艇場はJR蒲郡駅の隣の三河塩津駅を降りて徒歩約五分。看板には「駅前ボートだ」と表示されています。蒲郡市は観光都市で、競艇場のほかにも天然記念物の島・竹島やら万葉の小径やら、競艇に負けて腐った心根を癒やしてくれる場所があります。

これら三競艇場はどこも旅打ちにお勧めです。

†ロマンを掻き立てられる三競艇場

・津競艇場（三重県津市藤方六三七）
・三国競艇場（福井県坂井市三国町池上八〇－一）

・びわこ競艇場（滋賀県大津市茶が崎一－一）

三重県・津市にある津競艇場、福井県坂井市にある三国競艇場、滋賀県大津市にあるびわこ競艇場。この三場をセットにして書くのは、一般的に観光目的ではあまり選択されない土地にあるという点でしょうか。街全体がひなびたような風景で、そこにただひとりギャンブルをしに向かうというシチュエーションが私小説的な自己陶酔を誘います。

三重県津市は私の感想では日本有数のマイナー県庁所在地で、町並みは寂しく、一般の人がわざわざ観光で赴く例はあまりないと思います。アクセスは名古屋から特急で一時間ほどの近鉄津駅から無料バスで三〇分ほど。海が見える場所に競艇場があります。アクセスはそれほど悪くないですが、首都圏からわざわざ競艇場を探訪するには決断が必要になります。海水プールの難しい競艇に負けてトボトボ歩いた大門商店街の寂しげな佇まいは自分を完全にドラマの主人公気分にしてくれました。こういう土地に旅ができるのも公営ギャンブル場があるおかげといえるでしょう。

三国競艇場は水上勉の小説「越前竹人形」の舞台になった芦原温泉の近くで孤独な男のロマンをかきたてる土地です。二〇二四年春、北陸新幹線延伸で新駅「芦原温泉駅」が開業しますが、新幹線以外の交通アクセスは芳しくなく、東京からだと飛行機でまず小松空港に降り立ち、そこから空港バスで福井駅、えちぜん鉄道三国芦原線に乗り換えあわら湯のまち駅まで待ち時間を含むと二時間近くかかり、格安旅行には向いていません。あわら湯のまち駅から温泉街を抜けて一五分ほど歩くと、突如として巨大な競艇場の施設が現れます。温泉でのんびりしながら競艇で遊ぶには良い場所ですが、貯金をはたく勇気はいるでしょう。

びわこ競艇場は琵琶湖の湖面をそのまま使っていて、波のうねりや水質の問題から、一般的な競艇場とは違う展開になりがちで、特徴があって面白いと思います。男性にとってはソープ街で有名な雄琴《おごと》温泉が近くにあることから、舟券で大儲けして大名遊びというような煩悩をかきたてます。私の場合、そういう野望を抱いてギャンブル場に赴いた時期もありましたが、遊べるほど儲かったことは一度もありません。そんな苦い思い出も、時が過ぎれば楽しく回想されるようになります。

†交通アクセス抜群の大阪と尼崎の競艇場

・住之江競艇場（大阪市住之江区泉一－一－七一）

・尼崎競艇場（兵庫県尼崎市水明町一九九－一）

大阪市住之江区にある住之江競艇場と、兵庫県尼崎市にある尼崎競輪場は大阪圏の二大競艇場です。住之江競艇場は地下鉄四つ橋線とニュートラムの住之江公園駅を降りてすぐ、尼崎は阪神電車の尼崎センタープール前駅と直結していて、アクセスは最高です。そのせいもあり、両競艇場ともに平日も常に観客で溢れかえっています。

住之江競艇場はスタンドの大きさにも唖然とさせられます。同じ圏内にある園田競馬場や岸和田競輪場にはあまり活気がなく、兵庫県にあった甲子園競輪場や西宮競輪場が廃止されてしまったことを考えれば、大阪圏に住んでいる人たちは本当に競艇が好きなのだなあと感じます。

どちらもほぼ内陸にあってコースは完全閉鎖型のプールで波や潮の影響はありません。ただしどちらもプールの護岸からの返し波の影響が強いせいか、一筋縄ではいかないレースになります。市街からも近いので大阪に出張や旅行した際には気楽に寄りたくなる公営ギャンブルファンの聖地なので、読むよりも行ってみよ、とお勧めします。

†地元に愛される競技場

・宮島競艇場（広島県廿日市市宮島口一－一五－六〇）

・児島競艇場（岡山県倉敷市児島元浜町六‐三）
・徳山競艇場（山口県周南市栗屋一〇三三）
・下関競艇場（山口県下関市長府松小田東町一‐一）

広島県廿日市市にある宮島競艇場は、名勝として有名な安芸・厳島神社の対岸にあります。ただし、残念ながら大鳥居は遠すぎて見えません。宮島に渡るフェリー乗り場があるJR山陽本線宮島口駅から徒歩三分にある競艇場はフェリー乗り場よりも近く、開催日に駅を降りるとすぐにモーター音が耳に入り、つい急ぎ足になってしまいます。

レースを終えて駅前の酒場で飲み、店の人に「観光で来たの？」と聞かれ、「競艇です」と答えると、笑われるかと思いきや「そげな人、多いわ。宮島も見てってね」と諭《さと》されたことがあります。海水が入り込むプールで満潮干潮の影響があり、予想は難しいですが楽しい競艇場です。

児島競艇場は鷲羽山を近くに望む岡山県児島市にあります。鷲羽山の向こうには瀬戸大橋が通っています。JR瀬戸大橋線児島駅から送迎バスで五分、徒歩で二〇分程度です。海辺を歩くので、徒歩でも気持ち良いです。古めのスタンドが残っており、私は大好きな競艇場です。この競艇場のメリットは玉野競輪場のある玉野市からバスで一時間ほどだったり、高松競輪場のある高松市から電車で一本だったりで、うまく開催日程の重なる日を選べば一日で競輪と競艇が両方できる楽しさがあります。「倉敷には寄らないのか？」といつも聞かれますが、残念ながら私は町並みよりもギャンブル場優先です。

山口県には競艇場は徳山と下関、二ヶ所もあります。この他にオートレースの山陽オート（山陽小野田市）もあります。私はＬＣＣ（格安航空会社）やディスカウントチケットでケチケチ旅行ばかりしているので、安いチケットのあまり出ない山口県にはなかなか足が向かいません。格安のチケットが出ないのは、幕末や明治が好きな歴史ファンでもないと観光する動機がないせいかもしれません。申し訳ありませんが、私は山口県の公営ギャンブル場には、わずかに防府競輪場に行っただけです。

徳山競艇場はＪＲ徳山駅と櫛ケ浜駅からそれぞれ無料タクシーが出ているようです。下関競艇場はＪＲ山陽本線長府駅から徒歩三分と情報があります。ただし東京からだと、徳山や下関まで到着するのがなかなか難儀ですね。金に糸目をつけなければいいのでしょうけれど。

山口県の公営ギャンブル場は、旅打ち愛好者には難関です。なんとか死ぬまでに制覇したい人生の課題にしています。

✝食べ物も魅力的な鳴門と丸亀

・鳴門競艇場（徳島県鳴門市撫養町大桑島字濘岩浜四八－一）
・丸亀競艇場（香川県丸亀市富士見町四－一－一）

四国四県のすべてに競輪場があるのに、競艇場は二ヶ所しかないのは謎といえるかもしれません。しかも四国でも人気があるのは圧倒的に競艇です。せっかく海に囲まれているのになぜ競艇場を作らなかったのでしょうか。

鳴門競艇場は大阪からバスで神戸・淡路島を経由し、鳴門大橋（本州四国連絡道路）を渡って鳴門市に着いてすぐの場所にあります。高速鳴門というバス停で降りると目の前です。コースは海とつながっており、鳴門の渦潮でおなじみの鳴門海峡の近くですから、潮目の影響を強く受けるような気がして深読み予想してしまう競艇場です。

丸亀競艇場のコースは完全に海です。なので干潮満潮の水面高低差が最大四メートルもあるといわれており、潮が出入りする二マーク付近では満潮時には追い潮、干潮時には向かい潮となってイン艇とアウト艇の有利不利が出ます。また海に露出しているので昼夜で風向きが変わるようなこともあり、展開に紛れが出てレースが荒れることもあるエキサイティングな競艇場です。丸亀駅から港の埠頭に向かい、歩いて二〇分ほどで着きます。送迎バスもありますが、健脚な方は歩いたほうが楽しいと思います。

うどん県の香川にありながら場内ではうどんの販売には積極的ではなく、カレーや弁当に魅力があります。競艇場のまわりに何軒もうどん屋があるので、そちらで食べるのがいいでしょう。丸亀のうどん屋は早い時間に店じまいすることが多いので、ナイターレース前にしっかり周辺の人気店でうどんを食べてから競艇場に入場するのが正解です。

†九州五場

・福岡競艇場（福岡県福岡市中央区那の津一－七－五）
・若松競艇場（福岡県北九州市若松区赤岩町一三－一）
・芦屋競艇場（福岡県遠賀郡芦屋町芦屋三五四〇）
・唐津競艇場（佐賀県唐津市原一一一六）
・大村競艇場（長崎県大村市玖島一－一五－一）

九州にある競艇場五場をセットにしました。福岡競艇場は西鉄福岡（天神）駅から徒歩一五分程度、繁華街にものすごく近い競艇場です。東京でいったら新宿から一五分、大久保か新宿御苑あたりにギャンブル場があるというイメージです。

コースは博多湾と直結した那珂川河口にあり、満潮時は川の流れと逆流する潮が入り込んで独特のうねりが一マーク付近で発生、ターンした艇が流れに持っていかれてまくりにくい状況が生じます。なのでしっかり満潮時・干潮時を確認したほうが……という意見もありますが、はっきりいってうねりの強い時は何がどうなってるのかさっぱりわからないという難解コースです。一度や二度では攻略できないので地元のファンや場立ちの予想屋に勉強させてもらうのが良いと思います。

若松競艇場と芦屋競艇場は北九州市・小倉の圏内にあります。どちらも小倉からJR鹿児島本線で折尾駅に出て、そこから東西どちらに向かうか分かれ道になります。ただし同日開催はありません。

若松競艇場は折尾駅で筑豊本線に乗り換え奥洞海駅まで約一〇分、そこから歩いてすぐです。何度も映画になっている昭和の名作小説「花と龍」の舞台、洞海湾の入り江にあり、客層も荒っぽく、鉄火場のロマンをかきたてます。海水域で多少、潮目の影響があるようですが、インが強いことでは標準的な競艇場といえそうです。

遠賀郡芦屋町にある芦屋競艇場は折尾駅からはだいぶ遠い場所にありますが、なんと折尾駅前から無料送迎タクシーが運行しています。競艇は太っ腹！　私が訪れた時は、乗り合いでギュウギュウに詰め込まれるかと思いきや、三人でゆったり乗って約二〇分ほどで競艇場に着きました。

ただし帰りは無料バスしかないようです。日本で有数のインコースが強い競艇場といわれていますが、確かにそうでした。面白いのはスタンドの対面の丘の向こうに航空自衛隊の芦屋基地があり、ここは戦闘機などの飛行訓練を行っている基地で、レース中に帰投する練習機が続けて何機も下降するのが見えるので、自衛隊機と知らない人は第三国に攻撃されているのではと勘違いしてギョッとしたりします。

福岡県の第二都市である北九州市・小倉の近くにJRA競馬場、競輪場のほかにふたつも競艇場があるのは石炭積み出しの港街であり、製鉄所の街であるという性格と関連している気がします。

唐津競艇場は佐賀県唐津市にあり、JR筑肥線の東唐津駅が最寄駅ですが、鉄道だと福岡空港から地下鉄空港線で乗り換えなしで着いてしまうので（約一〇〇分）あまり佐賀県にやってきたという印象はありません。東唐津駅から無料バスで五分、徒歩でも二〇分ほどで到着します。ひなびた町並みや雄大な松浦川を眺めながらブラブラ歩いて向かうのも一興です。競艇場の周辺は何もありませんが、唐津市は観光地なので、宿泊や遊びには不便しません。福岡空港まで電車一本で戻れるのも帰路は楽です。

最後になった大村競艇場は、競艇発祥の地として有名で、施設は長崎空港からタクシーで一〇分ほどの大村湾にあります。旅打ちでは空港に降り立ち、そのまま即タクシーで競艇場に直行できるアクセスの良さが最高です。もろに海面コースで、潮の影響は免れません。海風も強く影響します。ここまで来ると本当に日本の最果てにギャンブルをしに来たなと感慨におそわれます。港町の大村は大きな繁華街はありませんが、漁師さんなどが飲みに来るスナックが多く、港町だけに旅人には寛容で、競艇に勝っても負けても、楽しい夜になるのは間違いありません。

五 オートレース場へ行こう

†時速一〇〇キロでコーナーを爆走

オートレース（以下オートと略）は一部に熱狂的なファンを抱えつつも、おそらくもっともマイナーな公営ギャンブルです。競技施設は日本全国で五ヶ所しかありません（二〇一六年までは船橋オートがあり、六場でした）。

競技は五〇〇CC（新人用）～六〇〇CCのエンジンを積んだオートバイ七車または八車で一周五〇〇メートルの楕円形アスファルトコースを左回りに六周してゴール入線順位を競います。スタートは一線ではないので、後方で発進した選手がどれだけ前の車を追い抜けるかが勝敗の分かれ目になります。

オートバイ（競走車）は最高速度一二〇キロまで出ますが、コーナーには競輪のバンクのような極端なカント（傾斜）はなく、約二・二五度のゆるい傾斜があるのみです。よって強烈な遠心力に引っ張られながら内側（選手の左側）に車体を寝かせてコーナーを回る技術が競技の見せ場です。よく落車事故も起こり、選手も競走車も外柵まで吹っ飛んでいきます。強力な遠心力に耐えてコーナリングしているのがわかる場面です。

大怪我を避けるために選手はフルフェイスのヘルメット、レザースーツを着た上からアメフトのようなプロテクターをつけ、ターンの際に路面に接地する左足にはブーツの上から「スリッパ」と呼ばれる鉄製の枠をつけます。

†オートの予想はなぜ難しいか

競艇では船艇やモーター（エンジン）は競艇場の所有物を選手に抽選で貸し出しますが、オートでは競走車は選手個人のもので、かつてはエンジンにいくつかの種類がありました。現在はスズキ製の「セア」と呼ばれる機種に統一されました。そして個人所有物ゆえに、整備の状況で性能には大きな差が出ます。

またオートはアスファルト路面をオートバイが走るレースなので、タイヤの調整も重要で、接地面をいかに道路のコンディションに合わせるかが勝敗を分けます。タイヤ表面が走路をつかまえる能力を「グリップ」といい、天候や温度、競技場の走路のクセにあわせた調整をしなければなりません。「サンダー」と呼ばれる電動工具で削ってザラザラにしたり、タイヤの溝を電気ゴテで掘ったりして、状況に合わせたタイヤにしていきます。とはいっても、その調整の成否は観客には分かりません。そこがオートレースの予想のつらいところです。

夏場、コースの路面が熱くなるとゴムタイヤが柔らかくなり、接地面積が大きくなって摩擦が大きくなり、スピードが鈍って追い込みが弱くなるといわれています。逆に寒い時はゴムが固く、スピードが出るとされます。雨の日は雨用に調整したタイヤを使いますが、その調整も選手により巧拙があります。

　ちなみにタイヤはレースを四～五回使うと交換されてしまいます。そのぐらい消耗するものなのです。賞金を稼いでいるランク上位の選手はたくさんタイヤが買えますが、お金のない下位の選手はタイヤ交換もままならないので、ますます格差が広がっていく厳しい勝負の世界があります。

　選手はS級、A級、B級の階級に分けられ、実力差のある選手が同じレースに出場する場合、「ハンデ」といって上位選手が一〇メートル区切りでスタートラインを下げます。これがオートレース独特のルールで、最大一一〇メートルまでスタートラインが下げられます。ハンデは番組担当者が決めていますが、それが適正かどうかを判断するのもオートの予想の肝といえるでしょう。ただ、そこが一～二回行っただけじゃ分からない、通い続けなければ読めない部分なので苦労するのです。

　基本的に選手はオートレース場に所属する制度で、開催では地元選手が三分の二、他場から遠征してくる選手が三分の一ぐらいの割合です。この地元選手と遠征選手の力関係も分かりにくいです。同じコースに乗り慣れている地元選手が強いと考えるのが妥当ですが、所属地域によるレベル差もあり、一筋縄ではいきません。

開催は普通開催が三日間、SG、GⅠ《ワン》、GⅡ《ツー》などの記念・特別開催は四日間開催、五日間開催があります。いずれも競艇のような全選手のポイント制勝ち上がり戦で、最終日に優勝戦が行われます。競艇との違いは、オートの採点基準には着順点のほかに「タイム順位」という走破時間の加味があることです。なので、選手は競輪や競艇のように「勝てばいい」わけではなく、スピードも意識しなくてはなりません。

オートはモータースポーツなので天候の変化による影響は少ないと考える方もいるでしょう。ところが大違いで、熱い寒い、晴れか雨かでエンジンやタイヤにかなり影響が出てきます。マシンは常に時速一〇〇キロ近いスピードで走り続けるので、ことエンジンへの天候の影響は大きく、選手は気象や気温にあわせてレース直前ギリギリまでエンジン整備を続けます。

この整備の状態も、選手がどういう条件に合わせているのか観客には分かりにくいし、上手下手もよく分かりません。また実力が拮抗している選手どうしの競走なら展開を読めても、オートは最初から実力差のある選手にハンデをつけてスタートさせるので、ハンデが適正か判別した上でなければ力関係を比べにくく、なんとも難しい競技です。

さらに同じオートレース場の中にも師弟関係や派閥がある点も展開に影響していると思います。その手の内情は施設内で場立ちしている予想屋か、同じレース場に何十年も通い続けている事情通にしか聞くことができません。旅打ちのように、初のレース場にぶらりと出かけても、所属選手の人間関係は非常に分かりにくい問題です。そして、その部分を徹底的に解説したオートの攻略本も見たことがありません。スポーツ新聞でもオートの扱いは小さく、解説スペースも小さいです。

ここまでの文章でも「分かりにくい」「読みにくい」の言葉が頻出しているように、私自身、オートの予想を自分なりにどう立てるのか、まだ理論を確立していません。おそらく全国の五つのオートレース場を優先して遊びに行き続けない限り、予想理論の確率は無理かもしれません。これまで私は競輪を優先しすぎたので、オートの奥義については考えたことがありませんでした。この問題は生涯の課題にしたいと考えています。

では各地のオートレース場を見ていきましょう。

†元アイドルが所属するのは川口オート

・川口オート（埼玉県川口市青木五-二一-一）

船橋オートが廃止されてしまった今、川口は首都圏にある唯一のオートレース場になり、全国的にも最大の人気を誇るオートレースのメッカです。男性アイドルグループ、SMAPの元メンバー森且行がスター選手として所属しているため、場内には若者や女性ファンの姿も目立ち、年季の入ったオートファンの渋い佇まいと絡まりあってスタンド内には異様な熱気が渦巻く楽しい競技場です。

公営ギャンブル場四種すべての中でも屈指の売店・食堂の充実ぶりで有名でしたが（戦後の食べ物を想起させる「すいとん」が食べられました）、巨大な四コーナー側スタンドとともに二〇二三年現在、改修中なのが少し残念です。吹きさらしのスタンドでワイルドないでたちのファンとエンジンの爆音に囲まれながら見るオートは鉄火場の雰囲気が濃厚でとても楽しかったのですが。

施設はJR京浜東北線西川口駅から無料送迎バスで約一〇分、徒歩でも三〇分ぐらいなので急いでいない帰り道はダラダラ歩いて途中の居酒屋などに入るのが素敵な行程ではないかと思います。西川口駅周辺も風俗店が多い地域ですが、遊べるほど儲かったことは一度もありません。

†地方レース場で味わいたい地元の食

・伊勢崎オート（群馬県伊勢崎市宮子町三〇七四）
・浜松オート（静岡県浜松市中区和合町九三六－一九）
・山陽オート（山口県山陽小野田市埴生赤松七〇〇）
・飯塚オート（福岡県飯塚市鯰田一四七）

東日本から九州まで、一気にまとめてしまってすみません。私は旅打ちが好きですが、地方のオートは一回二回遊んだだけではさすがにさっぱり当てられず、泣きの涙で帰路についた記憶ばかりです。

伊勢崎オートはＪＲ両毛線伊勢崎駅から無料送迎バスで一五分ほど、利根川に合流する広瀬川の近くにあり、道中には地方都市らしいロードサイドの大型店が点在しています。七〇年代に作られたスタンドは巨大で、使用されていないものの「穴場」も残るオールドスタイルが素敵です。食堂・売店も風情があります。

浜松オートも最寄りのＪＲ東海道本線浜松駅から無料送迎バスで二〇分、かなり郊外にあり、無料バスを利用する場合、乗り場や発車時刻をホームページなどで確認しておかないと苦労することになります。場内には場立ちの予想屋がおり、懐かしい「鉄火場」の雰囲気があります。

山陽オートは行ったことがないのです。理由は遠いから……というよりLCCも発着せず、格安出張パックもない山口宇部空港経由で旅するのはさして貯金もないライターにはかなり躊躇される土地なのです。最寄りの埴生駅を降りて徒歩二分とあります。スタンドもネットの画像検索で見るかぎり私の好きなタイプなので、いずれ行かなければとは思います。

飯塚オートは〇五年頃に一度行っています。オートレース場はJR筑豊本線新飯塚駅からバス五分、徒歩でも三〇分前後とそれほど遠くはなかったです。再三書いているようにオートレースは一、二回チラッとやったところで当てられるものでもなく、レースの展開も見えないのが辛かったです。

飯塚では長崎ちゃんぽんにウスターソースをかけて食べるのが一般的と地元の人から教えられ、オート場の食堂でもそうやって食べた記憶が。観光地とはいえない土地にある公営ギャンブル場でも、行ってみると新鮮な発見があるものです。

第三章

さあ、賭けてみよう

†中高年の居場所

最近、中高年男性の居場所がなくなったと感じることはありませんか？　街に出ると、カードやスマホを使わなければ利用できない施設ばかり増えて、私のようなアナログタイプの時代遅れ人間は飲食や娯楽、買い物の時に戸惑ってしまうことがあります。

居酒屋や飲食店は若者や女性向けの店が多くなったように思えます。悪いことではないのでしょうが、黒っぽく煤《すす》け古ぼけたやきとり屋や食堂に慣れ親しんだ昭和世代は、清潔感ある白っぽいインテリアの店にはなじみづらい印象を受けたりもします。

映画も昭和世代の中高年が好きなジャンルはあまり上映されなくなりました。またシネコンは入場手続きがQRコードなどデジタル化されて、若者には便利でも、中高年には逆に面倒だったり、劇場内がオシャレすぎて場違いな気がしたり、居心地がよくありません。街に出ても楽しみは少なくなりました。

昔ならば本屋やレコード屋を巡ってブラブラしていれば夕方になり、赤ちょうちんの安居酒屋が開きました。そこで酒を飲み、家路につけばだいたい一日の終わりです。

しかし現代では本屋やレコード屋は商店街から姿を消しました。昼営業している居酒屋は増えましたが、昼から飲んでも夕方には酔いつぶれてしまいます。飲み代も馬鹿になりません。私は、酒は空が暗くなってから飲みたい派なので、昼酒は好きではありません。

さて、どうすればいいんでしょうか。

そんな時、私は公営ギャンブル場をめざします。地方競馬、競輪、競艇、オートレースの公営ギャンブルは午前中から開催があり、その場合、夕方には全レースが終わります。近頃はナイター開催が増えましたが、週末、平日、関係なく、日中に行われるレースがたくさんあります。そして、そこがいちばん自分に合う居場所のような気分がします。

公営競技はＪＲＡほど客が詰めかけておらず、平日の昼開催はスタンドもほどよく空いています。そののんびりとした空間で、ひとり（ひとりではなく二人連れ、グループでもいいですが、私はひとりを推奨します。それが公営ギャンブルに似合うからです）、レースの予想に没頭する。レースを見て熱くなる。的中して歓喜する。はずれて涙する。現代社会ではなかなか出会えない、ハードボイルドでドラマチックな時間がそこにあります。ひとりで過ごしても、あまり寂しくありません。

本章では公営ギャンブル場に行って、投票券を買い、そこを去るまでをガイドブック風に指南したいと思います。もちろん、公営ギャンブル場でどのように振る舞えば良いか、決まりがあるわけではありません。誰もが自由に振る舞えば良いのです。何人か友達を誘ってみたり、投票券を買わず、入場するだけ、レースを観戦するだけ、食堂でB級グルメを味わうだけでもぜんぜん構わないと思います。

ただ、公営ギャンブル場に行ったらこのように行動すれば、より競技が理解でき、レースが楽しめ、投票券を買ってみようという気持ちになる、という指針はある程度あります。

†開催日の情報はネットが便利

公営ギャンブルは地方競馬、競輪、競艇、オートレースの四種のどれかが、週末も平日も関係なく、ほぼ毎日開催されています。

ただし自分が行ける範囲の競技場で、予定の日に開催があるとは限りません。よって、向かう前に、いつ、どの競技場で開催があるかを調べなければなりません。その情報はどこにあるのでしょうか。大手の新聞、いわゆる一般誌にはプロ野球やサッカーJリーグの開催情報は載っていても、公営ギャンブルの日程は掲載されていません。

紙媒体で載っているのはスポーツ新聞と夕刊紙です。それらのギャンブル欄（当日のレース番組と前日の結果を記載したページ）には、その日の開催情報が必ず載っています。

スポーツ新聞を買う習慣がないならば、インターネットが手軽です。第二章に示した、各競技の総合情報サイトには、必ず「開催日程」というページがあり、そこをクリックすれば、その日、全国各地どこの競技場でレースの開催があるか並んでいます。

競技名と開催日程、たとえは「地方競馬　開催日程」「競輪　開催日程」などと検索窓に打ち込めば、一ヶ月単位でその競技がどの施設で行われているか分かります。全部の競技の開催日が一気にわかるサイトがあればいいのですが、今のところ私は発見できていません。

公営ギャンブルの経験者は、どこで開催があるか眺めるだけで楽しいものです。今日は競輪にしようか競艇にしようか、遠出してオートレースをやってみるか、それを考えるだけでウキウキしてきます。

そんな感じで、まずはどの競技場にするかを決定しましょう。

そして間違いなく、その施設でレースが行われていることを確認してください。開催日程にはその施設でレースが行われる「本場開催」とよその施設で行われるレースの投票券だけを販売する「場外発売」のふたつが並べて記載されていることがあります。「場外発売」の日に行っても、その競技場ではレースが行われておらず、モニターから流れる他場のレースを見て、投票するだけです。

それでも多くの公営ギャンブルファンが競技場までやってきます。ひとりで衛星チャンネルやネット配信でレースを見るよりも、施設に来て大勢のファンたちと一緒にモニターを見たほうが興奮を共有できて楽しいのです。ネットで中継を見て投票する環境やスキルがないだけの人もいるかもしれませんが。私も三〇代の頃、毎週末に東京ドームシティにあるJRAの場外投票所、WINS後楽園に通っていたので、場外発売に集まる人たちの気持ちが分かります。

でも、やはり目の前で生のレースを見られなければ物足りません。とくにビギナーにはできるだけ生のレースを見ることをお勧めします。そのほうが公営ギャンブルを理解できるし、好きになれるからです。なので必ず「本場開催」を確認してから、公営ギャンブル場をめざしましょう。

開催日程には、開催が昼にあるのか、ナイターなのかの記載もあります。ナイター開催を三日月マークで示すサイトもあります。ナイター開催は午後や夕方から始まるので、午前中に行ってもレースはやっていません。逆に、モーニング（早朝）開催という、第一レースが朝九時頃に発走する開催もあります。

また競輪、競艇、オートでは「ミッドナイト（レース）」（伊勢崎オートは「アフター5／アフター6」の名称）といって、衛星チャンネルやネットでの中継だけを目的にした、無観客レースも行われています。三日月ではなく、星のマークで示されるレースです。「ミッドナイト」開催は施設に行っても入場できないので注意しましょう。

ここでは、まず昼開催の手ほどきをします。ナイターについては最後にお話しします。

†無料送迎バスは競技場の縮図

競技場を決めたら、さっそくそこへ向かいましょう。ちなみに私は、軽く食事してから外出する派です。空腹になっても場内食堂が混み合うランチタイムをずらして入店できるし、食事で糖質を補充し頭をはっきりさせてレースに臨んだほうが、より的確に予想が出来る気がするからです。これはあとで解説する「最初は見《ケン》」の流儀とも関連しています。

ビギナーが公営ギャンブル場をめざすなら、最初から遠くまで出かけるような無理をせず、自宅の近くにあるギャンブル場を選ぶのがいいと思います。

用事のない休日に、お昼近くの時間に出かけるのがいいでしょう。朝早く家を出て、第一レースから見る必要はありません。自分のペースで向かえばいいのです。

のんびりと午後のレースからやってくるファンも多くいます。午前の第三レースか第四レース、ランチ時の前から悠然と施設に入るのが通っぽいような気もしますが、いずれにしても急ぐ必要はまったくありません。

私の場合、到着する前のレースで自分好みの中穴配当が出て悔しい思いをすることがあるのですが、とはいえ投票券を買ってそれが当たる可能性は小さいですから、急いで競技場に行っても意味はないと思うことにしています。ただ「このレースに賭けていれば、勝てたかもしれない」というしょうもない妄想は人間なので捨てきれません。情けないです。

このひがみの感情、すなわち煩悩こそ、公営ギャンブル場に来て生まれるドラマの発端でもあるのです。

自家用車で競技場へ向かうという人には関係ない話ですが、電車で向かう人にとって、最寄駅からかなり遠い場所にある競技場も数多くあります。もちろん駅の目の前が競技場の場合もありますが、多くの場合バスやタクシーを利用して向かいます。

ここで活用されるのが最寄駅と競技場を結ぶ「無料送迎バス」です。

多くの公営ギャンブル場はファンを乗せる「無料送迎バス」が用意されています。私が思うに、この「無料送迎バス」は公営ギャンブルの雰囲気を濃厚に凝縮しているので、一度ぐらいは利用してもらいたいと思います。

乗り場は一般の路線バスと離れている場合もあり、確認が必要です。各競技場のホームページを見れば「アクセス」のページに「送迎バス」「ファンバス」などの項目で、発車場所や時刻表などが掲載されています。分かりにくい時は、駅の近くの交番などに聞いてください。警官に不審がられたり、説教されたりすることはありません。公営ギャンブルは法律で認められているギャンブルです。警官も聞かれ慣れているので、事務的に教えるだけです。

バス停の近くには出走表を配る案内人や、予想紙を売る女性が立っている場合もあります。そして、バスが到着していなければ、スポーツ新聞、専門紙や当日の出走表を手にした中高年の男性が何人か並んでいるでしょう。バスが到着していれば、彼らは乗り込んで新聞、出走表に見入っているはずです。同じ世代の男性が二人連れでお喋りしているケースもたまにありますが、多くはひとり客で黙って番組表を見ているでしょう。どの人も茶色か灰色のブルゾン、シャツなどを着て、黒っぽいキャップをかぶっているはずです。ちょっと怖い雰囲気の人もいるかもしれません。女性はほぼいません。

もしかしたらバスに乗り込んで、ギョッとして怖気づく方もいるでしょう。しかしほとんどの人は無害なので、競技場までの一五分か二〇分の間、その場の雰囲気に耐えればあとは無関係な人たちです。送迎バスの乗客は、まったく他人に干渉せず、関心も示しません。興味は目先のレース予想だけなのです。

彼らのようにひとりでギャンブル場に向かい、黙々と予想する姿勢が、公営ギャンブルの賭けの本質ではないかと私は考えます。

他人と交わらず、語らず、笑わず、ただレースと向き合う。

その無頼でハードボイルドなたたずまいに自分も染まりたい。孤独にレースを予想する人間になりたい。そのために私は公営ギャンブル場に赴いているのです。

だからまず、みなさんにも一度は無料送迎バスに同乗して、ひとりで番組表を見つめる中高年の先輩の姿をしっかり見てほしいのです。

競技場に入ってしまうと、グループで来場している若者もいるし、中高年でも群れて談笑している人たちがいて、孤独でハードボイルドな客はその静けさゆえに目立たなくなってしまいます。なのでバスの中の雰囲気は目に焼き付けておいたほうがいいと思います。

そして、無料送迎バスにはどうしても馴染めないという人にも私はたくさん会ってきたので、その気持も充分理解できます。そういう方は次からは無料バスは使わず、有料でも路線バスやタクシーを利用すればいいのです。一度訪れてしまえば、施設の場所は頭に入るので送迎バス以外の選択肢も探しやすいでしょう。

無料送迎バスはあくまで私が好きな公営ギャンブルファンの凝縮された一場面、一世界観であって、それがすべてではけっしてありません。

†予想専門紙は買うべきか?

さて、競技場に着きました。

無料送迎バスに乗っていた男性の中には、入場門に向かって走り出す人もいますが、できればゆっくり、悠然と場内をめざしたいものです。落ち着かないと、良い予想ができないからです。こうした時に、空腹だと焦ったり、いらついたりすることがあるので、私は家を出る前になにか食べておくのです。

入口の前に、専門紙（予想紙）を売っている店があれば、買うのもアリと思います。五〇〇〜六〇〇〇円程度です。

専門紙には、その日のレース番組と予想が載っています。ただ、ビギナーは番組表を見ても何が書いてあるのか分からないかもしれません。

専門紙には数名の記者によるレースごとの予想が◎（本命）、○（対抗）、▲（穴）などの印で印刷されているので、それを参考にレースを見ましょう。レースが印どおりに決着している時は、その記者の予想に乗るのが良いでしょう。

ちなみに専門紙には、その施設の名前が印刷されており、また地域ごとに特徴のある専門紙もあり、大変楽しい冊子で、記念のお土産になります。私は訪れた競技場の専門紙は必ず買って帰り、コレクションしています。

競技場の売店で専門紙を買うと、印刷された記者の予想とは別に、売店の人の独特の予想が赤鉛筆で書き込んである場合もあります。そういう予想に乗ってみるのも面白いです。

専門紙の番組表には馬名／選手名のほかに、前走、前々走などの成績データが小さなマスの中に細かく書かれています。データをすべて読みこなすのは大変です。理解できれば参考になりますが、最初は予想の印だけ見ればいいのです。公営ギャンブル歴の長い人でも馬名／選手名と予想の印だけ見る人も多いはずです。

ビギナーにとって専門家の予想は重要です。どの競走馬／選手が勝ちそうかさっぱりわからない時は、他人の予想に乗るしかないからです。

駅前などのコンビニエンスストアで売っている160円程度のスポーツ新聞にも番組と予想は載っています。持ち込み自由なので、スポーツ新聞の予想欄を見て投票券を買っている人も多くいます。競馬場なら競馬のページ、競輪場なら競輪のページを引き抜いて、そこだけ持ち歩いている人もいます（いらないスポーツ面は捨てたり、席取り用に使ったり）。スポーツ新聞の公営競技欄はメインレース以外の扱いは小さいですが、予想の印があればいいので、安いほうを選択している人も多くいます。どちらがいいかは好みの問題ですが、競技場内では専門紙を広げて見ている人のほうが通っぽく見えます。

競技場の入口には無料でもらえる出走表が必ず置かれています。番組を知るにはそれで充分です。予想の印はついていませんが、その出走表を眺めて予想している人もいます。競技に慣れてくると、専門紙もスポーツ新聞もいらなくなり、出走表だけで自力で予想できるようになります。そうなると本当に通ですが、予想が当たるわけでもありません。

予想新聞・出走表

競技場の入口近くの売店で、専門紙と呼ばれる500～600円程度の予想新聞が売られています。何種類か発行されている競技もあるし、1紙しかない場合もあります。ページを開くと、その日のレースの番組（第何レースに誰が出走するか、何枠に入るかを示した表）と、専門家の予想が記入されており、◎○△▲×などの印で示されています。どの専門紙が当たりやすいという偏りはなく、どれも同じような的中率なのでデザインなどを見て好きな専門紙を選べばいいと思います。ビギナーは最初だけ複数の専門紙を買って、予想や読みやすさを見比べてもいいでしょう。

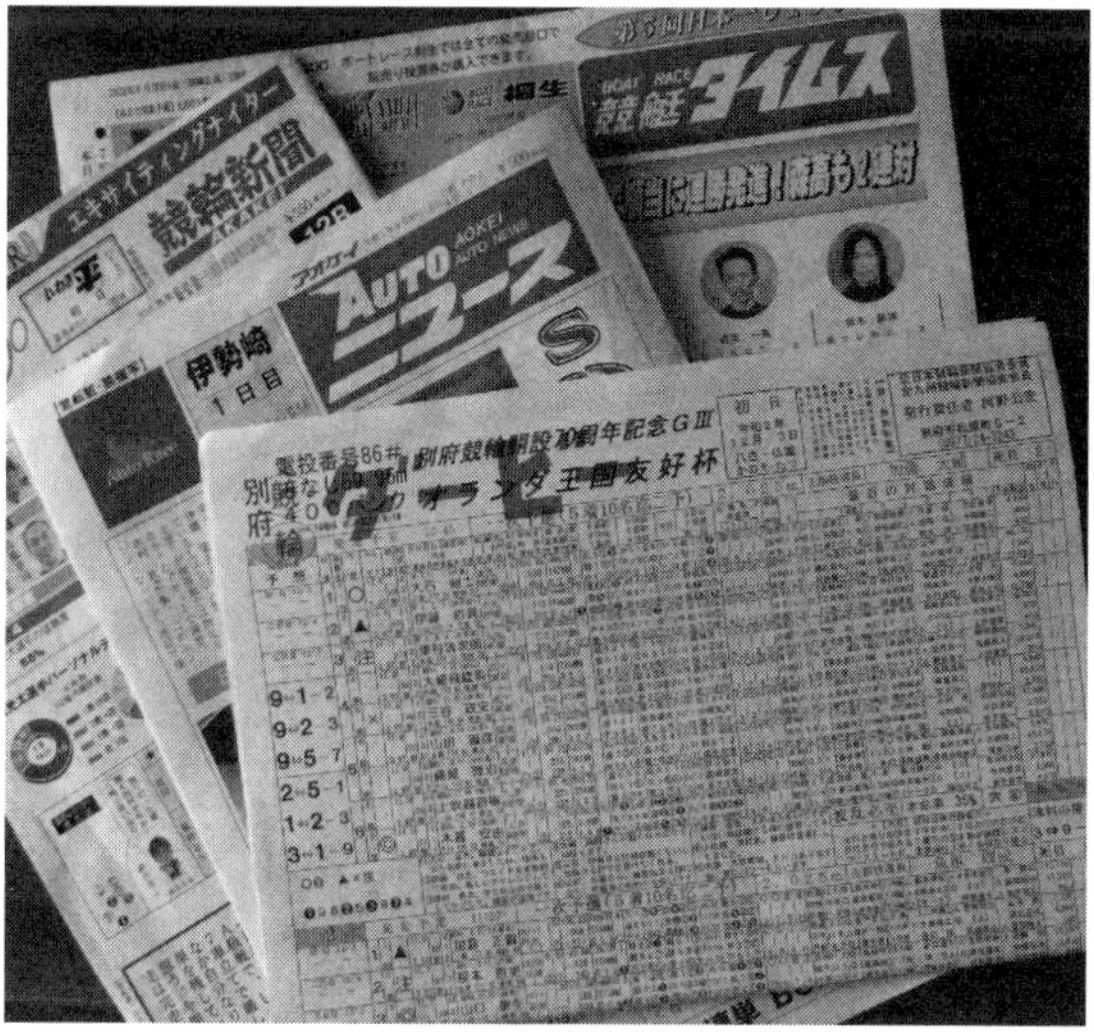

当たるとは限りませんが。たとえば一着だけは的中しているとか、二着だけ的中しているとかという場合もあるので、そういう法則を発見して投票に反映させれば、ビギナーでも当たり券を摑める場合があります。

専門家の予想の印だけを参考にするのなら、一六〇円程度のスポーツ新聞を買うほうが安価ですみます。場内でも専門紙を見ている人よりも、スポーツ新聞を折りたたんで見ている人が目立ちます。スポーツ新聞は場内では売っていないので、入場する前に、駅の売店や駅前のコンビニなどで買いましょう。メインレース以外の番組はかなり小さい扱いですが、枠番と選手名、予想の印など必要最小限の情報は記載されています。

施設内への入場料は競技場によっては無料ではなく、入口ゲートで五〇円か一〇〇円を支払うこともあります。無料のところもあります。時期によっては入口でお姉さんがなにかプレゼントをくれる施設もあります。どんなつまらない景品でも、プレゼントは嬉しいものです。

スポーツ新聞や専門紙を持っていなければ、ゲートを入ったところに置いてある、一枚の紙の裏表に印刷された「出走表」を一枚いただきます。これはどの競技場にも必ずあります。しかも無料です。何度も競技に通ってレースに詳しくなれば、専門紙、スポーツ新聞など予想の印のついた新聞を買わなくても、この出走表だけで予想できるようになります。スタンドで周囲のお客さんを見渡せば、きっと出走表だけで予想している人を何人も発見できるはずです。

†「最初は見」の流儀

施設内に入ったら、時計を見て、新聞や出走表で次のレースは何時発走かを確認しましょう。そして、すぐに投票券を買うのは控えましょう。次のレースまで時間が一五分以上あれば、まずは入場ゲート付近にある場内の案内図を探し、じっくり見ます。スタンドがどんな配置か、売店や食堂がどこにあるか、チェックします。そして場内をぶらぶらと歩いてみます。まずはそこまでです。

次のレースまで時間がない時は、とりあえずどこでもいいのでスタンドに座り、レースを見ます。まだ投票券は買いません。見るだけにして、どんなふうにレースが行われているかを確認します。

まったくのビギナーであれば、競輪、競艇、オートレースは、どれも何がどうなっているのか、いつスタートしていつゴールしたのかも分からないかもしれません。スタート前にはどの競技もファンファーレが流れますが、とくにゴールは分かりにくいと思います。どの車両、船艇もブレーキがついていないために、ゴールしてもしばらくスピードを落とさず走り続けるからです。でもレースの見せ場では歓声があがりますし、ゴール前では野次、悲嘆、称賛などさまざまな声を聞くことができます。それで「今のがゴールだったんだ」とだんだん分かってくるでしょう。

少しして、レース結果と配当の発表がアナウンスされたり、大型ビジョンに出たりしてスタンドがどよめきます。喜ぶ人、愚痴る人、野次る人、黙って立ち上がる人、いろんな人がいます。その姿は、ギャンブル場でしか見られない光景です。その姿に本当に人間はいろいろな人生を生き、さまざまなツキを背負っているのだなと感じます。自分よりもツキのない人間もいるのだなと、他人への嫉妬心が少しだけ共感に変わる瞬間です。

レースが終了すると、スタンドの人がわらわらと立ち上がり、どこかに消えます。

彼らは次のレースの予想のために、オッズ（予想配当率）表示のあるモニターや、投票券の発売所へ移動するのです。ガラス張りでない、吹きさらしのスタンドの場合、夏の暑さや冬の寒さを避けるために冷暖房のきいた施設内に逃げ込む目的もあります。

先ほど「最初は見《ケン》」ということばに触れました。投票券を買わない、お金を賭けないでレースをただ見ることを「見《ケン》」といいます。ギャンブル場に来たのだから、すぐに投票券を買いたくなる気持ちは分かりますが、まずは我慢し、レースがどのように成立しているかを見定める、これが通《つう》の流儀です。

「レースがどのように成立しているか」というのは、一着から三着まで入る馬や選手が、どのあたりの位置で順位を決定づけたか、ということです。

競馬なら、先行馬がそのまま逃げ切ったか、後方馬の追い込みが決まったか。

競輪なら最終四コーナーからゴール前の直線の間に、どのぐらい着順の入れ替わりがあったか。

競艇なら、コース取りで進入の入れ替わりがあるか、一マークで先頭に出るのはイン艇かアウト艇か、または一マークのターン順がその後どのぐらい入れ替わるか。

オートレースであれば、最終周回でどのぐらい順位が変わるか、といったあたりです。

こうしたレースの展開を見て、次のレースはどんな展開になるか、自分でざっくり予想すればいいのです。最初は本当に、何がどうなっているのか分からないかもしれませんが、分からなければ新聞などの予想の印と比べて見るだけでもいいです。レースが終わって、着順の確定があれば、それと新聞の印を必ず見比べましょう。

それによって新聞の印が信頼できると思ったら、自分の予想も同じでいい、と考えればいいのです。新聞予想が信頼できなければ、△印や注印などから買ってみるのが手です。そして、できれば、次のレースも「見《ケン》」にして、自分の予想とレース展開がどの程度合致するかを確認するといいでしょう。

理屈はわからなくても、勘でこの馬や選手が勝ちそうだ、と考えるだけでいいのです。「見《ケン》」はレースについて考える練習と思ってください。自分はレースを理解できているか、ツキがどのぐらいあるか、など「見《ケン》」をしている間に考えましょう。それを二レースぐらい続けると、冷静に投票ができます。レースの「分からなさ」が分かってくるからです。また自制心がつくので、余計な投票券を買わなくなります。

†レースとレースの合間にやるべきこと

競技場に着いてから二レースほど「見《ケン》」をしていると、投票券を買わなくても良いので、レースとレースの間のインターバルに時間ができます。その間に施設の中を歩き回って、スタンドはどこが見やすいか、売店で何を売っているかなどをチェックするといいでしょう。私はこのタイミングで食堂・売店のメニューをチェックして、空腹になったらどの食堂で何を食べるかあらかじめ決めておきます。予想して投票券を買い始めると、レースとレースの間の空き時間はあっという間に過ぎてしまい、ゆっくり食べ物の注文を考える時間もないからです。

どの競技も、ゴールの正面がスタンドの一等地でいちばん見やすいポイントです。しかしゴール正面以外にも見やすいスタンドの位置もあります。またレースが終わった直後にモニターを見られる場所だと、入線順位をしっかり確認できるので、そのチェックも必要です。

スタンドにいる誰もが見えるような大型モニターのある競技場ばかりではないので、自分の近くにモニターがあったほうが入線順位がもつれた時、確認がしやすくなります。レースはスピードが出ているし、横一線の並びでゴールラインに入線すると、肉眼では着順がわかりにくいです。モニターにはゴールシーンがスローモーションで示されるので、着順がひと目で分かります。それを見ないと順位確定のアナウンスを聞くまでわからなかったり、モヤモヤした気持ちになります。

ただし何度も繰り返し放映してくれるわけでもないので、ゴール後、すぐにモニターをチェックするのが肝心なのです。

もともと公営ギャンブルは自治体の戦後復興や地域振興のために開催が認められた経緯があるので、場内の食堂・売店も戦災未亡人、母子家庭などの女性を優先的に採用した経緯があり、かつては店の看板に「○○母子会」といった文言が書かれているところもありました。それらも非常に珍しい昭和の名残であったと思います。2000年代になると公営ギャンブルは施設の来場者も減って不振になり、食堂や売店も閉店するところが多くなったように思います。

それでも南関東の競技場など一定の来場者のある施設では、近年まで昭和の色濃き食堂・売店、そしてメニューが残っていました。B級グルメブームの追い風もあり、競技場や店舗自体が、独特のメニューを前に出して売り出したこともあります。

ところが近年は、それらの店舗にもうひとつの危機が訪れています。施設の老朽化対策による改修・建て替えです。かつて公営競技場は、昭和そのものの雰囲気で食堂・売店が営業できましたが、建物が改修されると昔のままの佇まいを残すことは不可能でショッピングモールのフードコート風になってしまうのが、中高年には厳しいです。

もちろん飲食店が清潔になることに異論はありません。現代の食堂・売店はそうした清潔・快適な雰囲気の中で、昭和的なB級グルメと折り合いをつけながら、来場者に喜ばれる営業をめざしています。競技場によって雰囲気・活気は違いますが、公営ギャンブル場のもうひとつのお楽しみといえます。

食堂・売店

1950年代から80年代まで、潤っていた公営ギャンブル場は来場者の胃袋を満たしたり癒やしたりするために、場内に食堂・売店・喫茶店を多数設けました。平成も一桁の90年代は、その造作は完全に昭和時代の雰囲気を残していました。昭和時代に昭和的な雰囲気の店舗がもてはやされることはなかったので、当時は誰も気にかけなかったですが、平成も10年たった98年以降になると、世の中から昭和的な風景が消えてゆくのと反比例して、公営ギャンブル場に残った食堂や売店、メニューが昭和遺産として注目されるようになりました。商店街の大衆食堂や惣菜屋と違って、公営ギャンブル場は簡単に入れる気がしない点が、希少感を高めたようです。

水沢食堂

†万馬券、万車券、万舟券

投票所にはたくさんのモニターが組み込まれていて、小さな文字で数字が表示されています。オッズと呼ばれる予想配当率です。一〇〇円の的中投票券でいくら払戻しがあるかを示すものです。数字が低ければ低いほど、投票券が売れていて、的中した時の払戻し金額が安くなります。

たとえばオッズが二・五なら、一〇〇円の投票券で二五〇円の払戻しです。

投票が少ない賭式のオッズは一〇〇倍とか二〇〇倍を示すこともあります。一〇〇円に対して一万円以上の払戻しがある投票券は「万馬券」「万車券」「万舟券」といってめったに出ません。ギャンブルファンは一〇〇倍以上の払戻しを「マンシュウ」と呼び、着順が確定するとスタンドで「マンシュウだ……」というどよめきが起きます（競艇だけでなく、他競技でも）。

予想でマンシュウを狙うことは非常に難しいですが、あえて予想はせずに自分の誕生日の数字や、ラッキーナンバーなどで買い続けると、高額配当になる場合もあります。全レースでそうした買い方をしている人もゼロではありません。知恵を絞って予想しても当たらないのだから、最初から決まった数字を買い続けて偶然の幸運に一攫千金の夢を託すのもひとつのやり方でしょう。

このオッズを表示しているモニターは、賭式に応じて位置が決まっていたり、時間で賭式が切り替わったりするので、払戻しがどれぐらいになるか確認して投票したい人は、どのモニターにそれが表示されているかを覚えておく必要があります。ビギナーには分かりにくいので、知りたいオッズの表示位置は場内の警備員などに聞いたほうが早いと思います。ただし、オッズは気にしても仕方ないものでもあるので、事前に確認はしてもしなくても大丈夫です。

すべての競技場には、指定席、特別観覧席（特観席）、ロイヤルボックスなど清潔な席が有料で設けられています。お客さんは身なりがいい紳士的な人が多く、多くは三階以上にあり、コースを眼下に見下ろせるのでとても見やすい席で、近い位置にモニターもあって快適です。

ビギナーは最初はコースに近い、無料の一般席に座ることをお勧めします。そのほうが風や匂い、レースの空気を感じられるし（競輪では選手の声も聞こえます）、観客の声、しぐさなどを含め、公営ギャンブルの本質を間近で見ることができるからです。

賭式が単勝・複勝・２連勝単式・２連勝複式だけだったのでオッズ表示はシンプルでした。しかし３連単、３連複、ワイドなどの賭式が増えた現在、賭式の数だけモニターが並んでいたり、切替式の表示だったりと複雑になり、数字の表示も小さいので慣れないとどこに何が表示されているのか分からないでしょう。

たとえば２連単で１着１番、２着２番という買い目のオッズを探す時は、まず２連単のオッズ表示モニターを探し出し、１番の画面の下に並ぶ２番の表示の横の数字が、その買い目のオッズになります。これが３連単だとさらに複雑で、１着１番の下の２着２番のブロック中の３着３番を探さなければなりません。３連単は買い目の数が多いので、モニター画面で一括して表示できず、切替わりを待たねばならずイライラします。

競技の種類や施設によってモニターの配置や機能が違っているので、オッズに注目する人は、まず自分の投票する賭式のオッズがどこに、どのように表示されているかを探さなければなりません。最近では当場開催のほかに、場外発売のオッズ表示もあったりして、初めてのギャンブル場では目当てのオッズ表示にたどり着くだけで疲れます。

ビギナーはオッズを気にしない選択もあります。まず的中することを期待して投票し、確定で払戻しの金額を聞いて、えっ、そんな配当がついたの？　と驚くのも楽しいものです。高配当を期待したのに、締切ギリギリになぜか大量に売れて、確定したら一気にオッズが下がっていたというケースもあります。その時はがっかりです。

オッズ

オッズとは、100円の投票に対して、何倍の払戻しがあるかをレース前に示した数値です。例えば単勝に100円投票したとして、それが的中した場合、200円の払戻しがある場合、オッズは2.0と表示されます。コンマ以下もあり、オッズが2.1なら210円、2.2なら220円が払戻されます。オッズは投票締切まで微妙に変動し、300円の払戻しがあると思って投票したら確定後の払戻しが250円だった、というようなことも起こります。

オッズ2倍なら固いレースと考えて投票する人もいれば、2倍では儲からないので人気薄の高倍率に投票する人もいます。

これらのオッズは、投票所に設置されたモニターに表示され、時間によって刻々と変わります。90年頃までは

オッズが表示されたモニター

†投票券の買い方

競技場に到着して三つめのレースぐらいからいよいよ投票券を買います。

投票券は、ほとんどがマークシートに買い目を記入して差し込む自動発券機になりました。競技場によっては専用のカードに購入代金をチャージする発券機もあります。

ごくまれに穴場に販売員のいる競技場もあります。穴場とは、発売所で販売員と客の間がアクリル板で仕切られ、現金をやりとりする穴が開いているのでそう呼ばれます。大昔の鉄道駅や映画館のチケット売り場に似た……といっても、これも古すぎるたとえですね。大概はお母さん、お姉さんといったタイプの女性が販売していますが、最近はほぼ自動発券機になり、穴場はきわめて少なくなっています。

マークシートの書き方がわからない時は、近くに教えてくれる係員が必ずいますので、聞いてください。投票所にはマークシート記入用の使い捨てのエンピツが常備されています。でもペンは使い慣れた私物を持っていったほうがストレスがありません。また番組表にメモなどするときも、自分のペンのほうが書き込みやすいです。

公営ギャンブルでは単勝はあまり売れず、二連単、三連単などがメインです。競馬は二連単でも的中は難しく、三連単は至難の業です。競輪も三連単は非常に取りにくいと思います。競艇は二連単は簡単な場合がありますが、配当も安いので、三連単にチャレンジするのが燃えるでしょう。オートレースは二連単でも難しいです。

私は最近、競輪・競艇は三連複の投票券を買うことが多くなりました。それだと一着二着、あるいは二着三着が入れ替わっても的中になるからです。配当は低くなりますが、的中すれば気持ちは高揚します。金儲けの欲望よりも、当たって嬉しいホッコリ感を重視するようになったのです。

投票券の賭式（第一章参照）については買い手の自由です。ビギナーならなおさら、他人の予想に乗るか山勘に頼るしかないので、どの賭式で投票するかはあまり関係ないと思います。ツイているか、いないかだけです。

†投票券で見栄を張らない

金額は少なくても何の問題もありません。最初は一点に一〇〇円だけ賭けてみるのもいいでしょう。二連複、二連単の一点、または二点勝負。各一〇〇円。合計二〇〇円。子供にあげるおやつ代のような感じで良いのです。

が1口の買い目で、何口か買えるように印刷されていますが、1枚のシートで賭式は1種類だけのもの、2種類記入できるもの、裏面を別の賭式にできるものなどいろいろあります。

上から順番に、1口目、2口目と買い目を増やせます。全列記入する必要はありません。1口だけ買っても問題ありません。

間違いやすいのは連単と連複で、連単は1着、2着、3着を着順どおりに、連複は、着順は関係なく2着、3着までに入った番号を予想します。当然、連単式のほうが予想は難しく、払戻金も高いです。

金額は足し算式に複数マークが可能です。(1)+(2)の塗りつぶしで3になります。(10)+(1) で11です。単位は百円、千円、万円とあります。11百円なら1100円です。単位の確認ミスでマークを間違えると大変なことになるので気をつけましょう。

自動券売機は代金先入れで、金額不足ならシートが返却されます。

最後の「取消」は間違って記入した場合や、投票をやめる場合、この部分を塗りつぶせば投票券に反映されません。前日発売／併売などはビギナーはあまり考える必要はないでしょう。

実際にマークシートのカードを目の前にすると戸惑うこともあります。カードには「流し・ボックス専用」などの種類もあって、間違えると面倒です。記入法がわからない時は警備員に声をかけましょう。マークシートの書き方を教える係員のところに連れて行ってくれ、優しく教えてくれるはずです。

マークシート

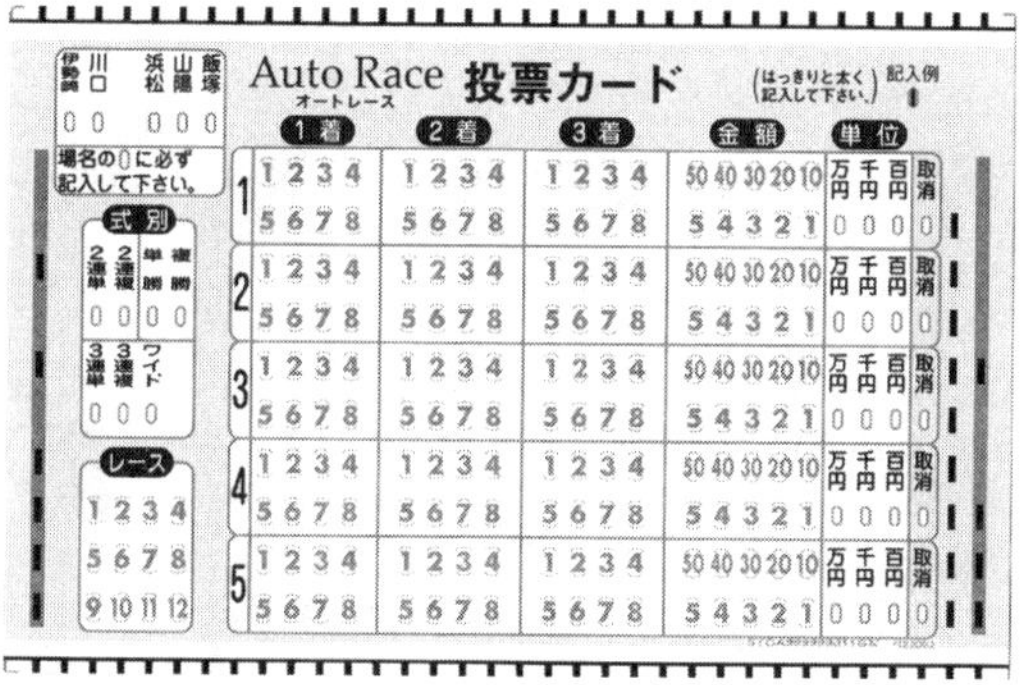

予想して上位入線が見えたら投票券（馬券、車券、舟券）を買います。買わなくても問題ありませんが、予想したなら100円だけでも券を買ったほうが楽しいです。

投票券を買うためには、マークシート（投票カード）に記入しなくてはなりません。80年代末頃までは、投票所（穴場）の女性販売員に口頭で伝えることも可能でしたが、今では100%、マークシート式です。穴場があっても、女性販売員にシートを渡します。投票所（スタンドの座席の後方など）のテーブルにはカード立てがあり、マークシートがエンピツとともに置かれています。

シートには開催場、レース、前日発売／併売、式別、着順、金額、取消などの項目があり、マーク部分をペンやエンピツで塗りつぶします。

まず競技場名、どのレースを買うか、賭式の式別、着順という順番で塗りつぶしていきます。マークの横1列

す。いっぽう、外れた投票券は手元に残ります。すぐに捨ててしまう人もいますが、私は旅打ちなどで訪れためったに来訪できない競技場の投票券は持ち帰ります。旅の記念品になるからです。

外れの投票券は、交通安全のお守りとして珍重されることもあります。「当たらない」と自動車の衝突をかけたシャレなのですが、ハズレ券を他人にあげても喜ばれることはまずなく、苦笑されるだけです。

公営ギャンブル場に直接赴くメリットは、こうした投票券を実際に手にできることにもあります。また的中した券を払戻機に入れて、たとえ貨幣ジャラジャラだとしても、実際に現金で払戻しされるのは気分が高揚するものです。

ネット投票の場合、あとで引き出せるにしても、その場では表示の金額が増えるだけで、面白みに欠けます。投票券や、払戻金を実際に手にするのは大事だと私は思います。

こうした投票券の実券にも少しずつ消滅の危機が迫っています。千葉競輪場（TIPSTAR DOME CHIBA）のように、場内でもネット投票しか受け付けない施設も現れています。199ページの自動券売機・払戻機の項目に書くように、「チャリ・ロト」という会社の自動券売機は、従来の券売機のような実券ではなく、レシートが発行されるだけです。

投票券を握りしめてレースに集中したり、負けて投票券をバラバラに千切って投げ捨てるような行為は、これからはできなくなるかもしれません。

投票券

投票所でマークシートを券売機に挿入すると、引き換えに出てくるのが投票券。競馬は馬券、競輪、オートは車券、競艇は舟券と呼ばれています。券売機によって多少の差はありますが、およそクレジットカードなどと同サイズの上製紙にプリントされたものが発券されます。

投票券には場名とレース番号、賭式、投票の買い目、金額が表示されます。マークシートに記載できる買い目と同じだけ、番号が表示されます。

買い目の番号だけの表示のものがあるかと思えば、馬名、選手名まで表示されているものがあり、フォーマットは似ていても競技場ごとにオリジナルなデザイン性があります。

投票券は、的中すると払戻金と引き換えに回収されま私の場合、昔はそういうみみっちい投票は、投票所（穴場）にいる販売員のお姉さんに鼻で笑われるようで気が引けました。あまり持ち合わせがないのに無理して一〇〇〇円ずつ買っていた時代もあります。でも、もうそういう見栄を張った買い方はやめました。

近年はどの競技も対面販売はほぼ絶滅、自動券売機になりました。今では穴場のあるギャンブル場に出会うと感動するほどです。なので一〇〇円だけ投票券を買っても、お姉さんにお金を見せて渡すわけではなく、相手は機械なのでまったく恥ずかしいことはありません。

しかし一〇〇円だろうと一〇〇〇円だろうと一〇〇万円だろうと、勝負していることに変わりはありません。そして必ず当たりかハズレかの審判があり、気持ちに波風を立てます。それが奥深いギャンブルの世界に貴方を導くのです。

自動券売機は・現金投入口（紙幣、貨幣）・マークシート挿入口・投票券受取口・紙幣受取口・硬貨受取口など色々な投入口、受取口があってけっこう難儀です。投票券発売機と払戻機が一体化した機械もあります。その場合は・的中投票券の挿入口もあります。発売専用機は「発売」の文字だけ、払戻しもできる機械は「発売／払戻」の文字があります。

使用法は、まず機械に現金を挿入します。挿入した金額がスクリーンに現れたら、続い

自動券売機・払戻機

本文に書いた自動券売機・払戻機の使用方法の説明は、主流である「日本トーター」という会社の現金販売機についてのものです。近年は「チャリ・ロト」という会社の現金カードチャージ、キャッシュレス式の発券機をメインにした競技場もあります。マークシートの仕様や、投票の仕方が微妙に違うので、難しい場合は係員に聞くしかありません。

チャリ・ロトの券売機は、おなじみの投票券ではなく、買い目をプリントしたレシートしか発行されず、なんとなく悲しくなります。しかも払戻しは登録したカードに自動でチャージされるので、現金が払戻しされる快楽もありません（黒字になれば、現金精算はできます）。

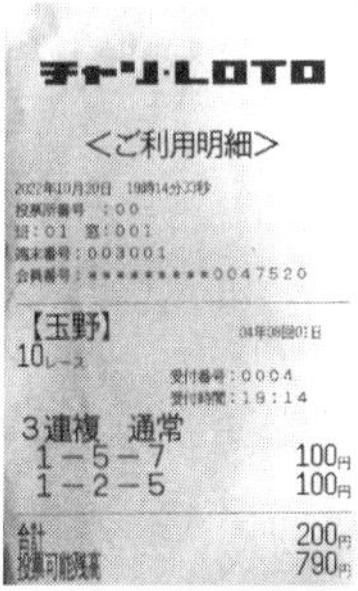

自動券売機への対応は慣れれば難しいものではありませんが、中高年になると、ちょっとした間違いでうろたえてしまいます。締切間際に機械の前でオロオロしていると後ろに並んだ客から文句を言われたりして余計に焦ります。ビギナーのうちは行列のない、早めの時間に投票券を買うことをお勧めします。

一般的な日本トーター製販売機

て記入したマークシートを挿入、賭式や買い目が正しく表示されたら、「発行」「精算」ボタンを押せば、投票券とお釣りが出ます。マークシートの記入に不足や間違いがあると、スクリーン上で修正指示が出ます。間違えて記入した場合は「返却」ボタンで取り消すことができます。困りごとが置きた場合、最終的には「呼出」ボタンを押せば、機械の後ろから人が出てきて対応してくれます。

†ビギナーズ・ラックの真実

公営ギャンブルにはビギナーズ・ラックが必ずあります。

初めての公営ギャンブル場でわけがわからないまま投票券を買っていると、「えっ、当たった！」という瞬間が多くの人にあります。それは本当に嬉しい瞬間で、そうした出来事から競輪や競艇にはまった人も多くいるはずです。

でも、ビギナーズ・ラックとはあくまでビギナーだけのもので、しかも山勘に頼ったり他人の予想に乗った結果として現れてくるもので、公営ギャンブルを続けていると圧倒的に負けの回数が多くなります。これも間違いありません。

なので初めての投票で当たったからといって、自分を過信したり、有頂天になってはいけません。その的中が最高の瞬間で、あとは延々、負け続けの時間がやってくるかもしれないのです。

競艇の達人として知られた作家の富島健夫に『女とギャンブル』(一九八〇年、青樹社刊。以後、桃園文庫、ケイブンシャ文庫など)という官能小説と競艇小説をブレンドした名作があり、その冒頭、競艇場でコーチ屋をする主人公がこんな言葉を吐きます。

「人がギャンブルで負けるのは、欲があるからである。目が曇るからである。したがって、ギャンブルで勝つ第一の条件は、そのギャンブルを研究し愛していながらギャンブルに溺れないことにある。

ギャンブルをしない人間がギャンブルをすれば、おそらく勝つ。しかしそのような人間はギャンブルをしないから勝つこともない。

プロは、そのギャンブルをしない人間に近い心境にならねばならない。これは、精神修養の問題である」

まさに達観、長年、レース場に通っていなければ出てこない言葉です。ギャンブルとは、ギャンブルをしない人間の気持ちになった時に初めて勝てるのです。ビギナーズ・ラックとはこのことでしょう。しかしそんな気持ちにはなかなか戻れません。負けばかりの中でもがき続けるしかないのです。

何度か公営ギャンブルをしていると、のんびりしたスタンドで、次のレースの展開や着順を静かに考えているのが至福の瞬間になります。競技の選手の運命を自分が予言する、神の視点を与えられたような気がするからです。

さらに公営ギャンブルを長くやっていると、厩舎や騎手や選手たちの経済状況などもわかった気になり、哲学的な深読み予想をしてしまいます。ただ、それで予想が当たるわけではけっしてありません。単に予想する方向がズレてしまっているだけです。そうなった人は、頭の中は投票券の買い目なのに、文学作品でも創作しているような気持ちになるのですから、始末におえません。

とはいっても、それも頭の中での作業なので、他人に迷惑をかけることはありません。

そして、こうした自己満足的な思考で予想していると、投票が的中することもありません。私は、そんなふうに馬券や車券や舟券を買ってきたので、ずっと負け続けの公営ギャンブル人生でした。

†ハズレが続いた時、どう打開するか

投票を続けてもぜんぜん的中がなく、財布の中の金が減って気持ちが暗くなったり、泣きたくなったりする瞬間のことを「腐る」といいます。レースの展開が自分の予想とまったく逆だったり、ゴール直前で着順が変わって取れたと思った的中が逃げていく、そんなことが続くと人は腐っていきます。

この腐ってきた時間とどのようにつきあうか、それが公営ギャンブル最大の課題です。私の公営ギャンブル人生のほとんどは腐ることばかりでした。とても苦しい、悲しい、自己否定の長い時間。これは誰にでも訪れます。

そんな時は場内の食堂で何かつまんでみたり、一般席のスタンドから指定席に移動して気分を変えてみたりします。あるいは一時間程度、競技場から離れて周辺をぶらぶら散歩したりしてみます。幸いに入場料をとる競技場でも、いったん外出するのは自由で、出口

ギャンブル依存症のセルフチェックの指標〈ＬＯＳＴ〉

どれだけ気をつけて遊んでいても賭け事をしている以上、誰にも「ギャンブル依存症」になる可能性はあります。もちろん公営ギャンブルも例外ではありません。

ギャンブル依存症は負けが続いて大きな損失や借金などができたにもかかわらず、ギャンブルがやめられず、のめりこんでいく症状です。

個人の意志や性格などの問題ではなく、脳の機能障害、病気であるとされています。

もしもギャンブルにはまりすぎているかも、と感じたら、左の４つの質問に答えてみてください。

最近１年間で、２つ以上にあてはまる人は、ギャンブル依存症の可能性が高いと思われます。

ギャンブル依存症は当人の健康や経済に大きな損失を与えるとともに、家族や知人もトラブルに巻き込み、苦しめます。もしもあなた本人、ご家族、知人にギャンブル依存症の兆候が見られたときは、早めに以下の団体、施設に相談してください。ギャンブル依存症は回復できる「病気」です。

公益社団法人　ギャンブル依存症問題を考える会
電話　070-4501-9625
NPO 法人　全国ギャンブル依存症家族の会
電話　090-1404-3327
一般社団法人　グレイス・ロード（回復施設）
電話　055-287-8347

依存症の兆候は、キーワードの頭文字L・O・S・Tで示されます。2つ以上にチェックが入る場合、ギャンブル依存症の可能性が高いです。

□ **L**imitless

ギャンブルをするときには予算や時間の制限を決めない、決めても守れない

□ **O**nce again

ギャンブルに勝ったときに「次のギャンブルに使おう」と考える

□ **S**ecret

ギャンブルをしたことを誰かに隠す

□ **T**ake money back

ギャンブルに負けたときすぐに取り返したいと思う

（公益社団法人ギャンブル依存症問題を考える会ホームページをもとに作成）

のゲートにいる係員が「再入場券」というチケットをくれ、再び入場の時にそれを渡せば無料です。

まあ気分転換しても、予想が的中するわけでもありません。気持ちの奥に苦しみと悲しみだけが残ります。俺はなんて才能のない人間か、ツキのない人間かと。

その意味で、私にとって公営ギャンブルとは「苦渋」と出会うためのエンタメだったといえるかもしれません。現在、多くのエンタメは「感動」と出会うためにあるように思えます。映画もテレビも小説も、音楽も、どこかに「感動」のエッセンスがあり、人々はそれを求めてエンタメに接しているようです。

公営ギャンブルにも「感動」の要素はあります。馬であれば調教や騎乗技術、血統、競輪、競艇、オートであれば選手の心身の鍛錬と技術の研鑽。その結果としてのトップクラスの競走馬や選手たちが競走するレースは、スポーツのビッグイベントに匹敵する緊張と感動、歓喜があります。そして、それは現実のレースでなくとも、小説などでも味わうことができます（第五章参照）。

しかし、トップクラスではない馬や選手たちによる「平場」「一般戦」と呼ばれる低位のレースが毎日行われているのも公営ギャンブルです。トップクラスが集まる「重賞」は優秀な選手が間違いなく実力対実力で火花を散らすレースになります。しかし一般戦では実力以外のサムシングが作用しているように私は考えるし、それを加味して予想してしまいます。そして予想がはずれて、悲しい気持ちになり、「苦渋」を抱えて競技場をあとにします。

公営ギャンブルは、ほんの少しの「感動」と、巨大な「苦渋」を与えてくれるエンタメといえるのではないでしょうか。

でも、年代物のウイスキーやブラックコーヒーのように、ビターがあるからこそ味わい深いものもあるのです。公営ギャンブルのある日常は、その哲理を教えてくれます。

そんな日々の中で、私は負けても傷つかない、苦しみの少ない遊び方を模索した結果、外れることを前提で少額を賭ける、という手法にたどり着きました。

ひとつのレースに二〇〇円から三〇〇円程度しか投票しないという方法です。

すると全レース負けても二〇〇〇円から三〇〇〇円程度しか赤字にならず、さして悔しくなりません。居酒屋で飲むのを一軒ガマンすればいいだけです。悔しくないので、負けても楽しさしかありません。

最初から「居酒屋一回分の金額しか投票しない」と考えれば、そこにあるのは安い酒を少しだけ飲んだような快感です。レースを見て、興奮して、負けたとしてもそれは一杯の酎ハイを飲み干したと同じ金額です。それなら笑って済ませられます。負けて楽しい公営ギャンブルの世界がここにあります。

また、少額の投票でも当たればそれなりに嬉しいことにも気がつきました。

大金を賭けて、大金を稼ごうとするからギャンブルは害悪と見られたり、依存症になって苦しむのではないでしょうか。

「今日は三〇〇〇円ぐらい勝ちたいな〜」とみみっちい目標を立て、それに向かって賭ければいいのです。そう思って投票を続けていたら、何回かに一回は二〇〇〇円から三〇〇〇円の黒字を達成できるようになりました。

こうした小さな自己実現でも人間は前向きになれます。熟年世代の大人にはなかなか「自己実現」のチャンスはないですから、「ギャンブルで三〇〇〇円の勝ち」はかなり気分が高揚します。そして公営ギャンブルがますます楽しくなりました。

†レースが終わった時、主役は自分になる

公営ギャンブル場にいると、レースが始まるまで、そしてレースが行われている間は、

私やあなたが見つめる競走馬や選手が主役です。当然です。

彼らが何を考えているのか。勝ちたいのか、勝たなくていいのか。それぞれの競技者の思惑が、頭の中を映画のように駆け抜けます。ゴールイン。勝った！　おめでとう‼　勝たなかった……。何やってんだコノヤロー、死んじまえ‼　歓声と野次の中を、選手は控室へ帰っていきます。

ところが、そこから新たなドラマが始まります。たとえ一レース一〇〇円や二〇〇円の投票だったとしても、レースが終わった途端、ドラマの主役は、レースをしている者たちから、投票した自分自身に、視点がガラリと変わるのです。

主役は、あなたや私、自分自身になります。的中した自分、外した自分。熱狂した自分、涙した自分。潤った自分、持ち金を減らした自分。すごい自分、情けない自分。次のレースに賭ける自分、自分を信じられない自分、自分、自分、自分。

次のレースのファンファーレが鳴るまで、ギャンブル場の中では自分自身がドラマの主役です。そこであなたはどう振る舞いますか。どんな人間を演じますか。誰も観ていないかもしれませんが、今こそ、あなたが主人公です。

たとえば五〇代をすぎて、スター俳優かベンチャー企業の社長でもない限り、ドラマの主役の気分を味わえることなんてありますか？　その気分を庶民にも味わわせてくれるのが、公営ギャンブル場です。そんなことから、私は公営ギャンブルは、五〇代、六〇代の中高年に希望と勇気を与えてくれるエンタメではないかと思っています。

一日三〇〇〇円の損得でも、そんなふうに人生は豊かになるのです。競技の主催者にすれば、もっと投票にお金を使ってよ、と訴えたいでしょう。もちろん、遊ぶお金に余裕のある人は、家計が破綻しない程度に大金を使えばいいと思います。小遣いに余裕のない人にはない人なりの楽しみがあり、傷つかず苦しまない少額での投票でも許されるのが公営ギャンブル場なのです。

†全レースが終了。さあ飲もう

さて、昼開催ならばレースは夕方四時ぐらいには終了します。他場の場外発売を続ける場合もありますが、本場のレースはもうありません。多くの客は、ゾロゾロと出口へ向かいます。勝っても負けても、このまま自宅へ直帰するのはもったいない。競技場の周りには、ギャンブル帰りの客を待ち受けている居酒屋があります。郊外に立地し、しばらく歩かないと繁華街がない施設もありますが。

競技場への往路は「無料送迎バス」をお勧めしましたが、最寄駅とバスで一〇〜一五分程度の道程なら、徒歩で帰ることも選択肢に入ります。帰り道は多くの客がトボトボ歩いていくので、ついていけば自然に駅まで導かれます。

最寄駅から競技場までがバスで一五分なら、徒歩では三〇〜四〇分なので、レース予想の反省などをしながら歩いていれば駅の近くに着きます。

その道すがらにポツンとある居酒屋にブラっと入ってみることをお勧めします。降りたことのない駅の、歩いたことのない道沿いにある、入ったことのない居酒屋。そこに飛び込んでみるのです。

それは貴方にとって冒険かもしれません。でもいいじゃないですか、公営ギャンブルという新しいエンタメで冒険気分を味わったら、ついでにもうひとつ冒険してみても。知らない店に入り、酒とつまみを軽く注文して、一〜二杯飲んでさっと引き上げる。ここで飲みすぎると余計に金を失って、また深く後悔するので気をつけましょう。ほろ酔いでスッと引き上げられれば、その日は公営ギャンブルと酒で、充分充実した一日になると思います。

もし投票券が当たって黒字になっていたら、その払戻金で美味しい酒が飲めるでしょう。

一切当たらなくて赤字としても、少しぐらいの酒なら飲める。そして酒が「苦渋」を溶かしてくれます。今日は負けても、またいつか。そう前向きになれれば、貴方も公営ギャンブルが好きになった証拠です。

負けに耐える。苦しさ、悲しさに耐える。耐えることの美徳を、公営ギャンブルは教えてくれます。

作家の川本三郎氏は「知らない町の知らない居酒屋で――私流〝場末風流〟」(『東京万華鏡』筑摩書房、一九九二年刊所収)の中で、場末の酒場などで経験するひとりだけの個人的な時間と空間の心地よさを「清独」という造語で名付け、推奨しています。私は、公営ギャンブル場にも「清独」感覚はあると思います。それも、「苦渋」という感覚の混じった「苦《にが》い清独」です。その感覚をみなさんにも知ってもらいたい。

†ナイター開催の雰囲気は別物

ところで積み残しのナイター開催についてです。

公営ギャンブルは平日開催もあるため、観客が集まりやすいよう仕事が終わる時間帯にレースが始まるナイター開催を行っています。一九八六年に始まった大井競馬のトゥインクルレースの成功をきっかけに競輪、競艇なども続々とナイター開催を開始しました。競技の種類によらず、ナイター開催は一五〜一六時頃に第一レースがスタートし、二〇〜二一時頃に最終レースが終了します。

会社勤めの人たちが仕事を終えてから投票できるナイター開催はネット投票の売上増に大きく貢献していて、これがなければ廃止される競技場はもっと多かったかもしれません。その意味で、ナイター開催はこれからもっと増えるでしょう。ナイター開催のレースにネット投票して、初めて公営ギャンブルに接する若者も多くなると思います。

カクテルライトに照らされたレースは独特の美しさがあります。仕事を終えたあとに競技場に駆けつけるファンには若者やカップルも多く、都会的洗練があるというか、普通のお客さんが比較的多いというか、昼開催の場内のやさぐれた雰囲気と微妙に空気が違います。夜の暗さのせいで施設のワイルドな部分が隠れてしまうからかもしれません。

またナイター開催では余計な思惑、たとえば今夜はどこで飲もうかとか、競技場周辺を散策して気分転換しようとかいう雑念が生じにくいため、より生真面目に予想に集中できると思います。ただ、やはり最終レースが終わって外に出るとそれなりに遅い時間で、駅前まで出て一杯やろうという意欲がそがれるのも私の本音です。

正直、私はナイター開催では最終レースまでやらずに投票をやめ、一九時頃には退出して街の居酒屋に向かってしまうことが多いです。そこは好みの問題ですが。できればギャンブルのあとは少し飲みたいです。気持ちを落ち着かせるためにも。

ナイター開催で若者のグループがワイワイ楽しそうに予想し、応援し、レース結果に一喜一憂している姿は微笑ましい反面、孤独な中高年に疎外感を与えもします。好き嫌いの要素が大きい意見なのでこのぐらいにしておきますが、昼開催と夜開催では、公営ギャンブル場の雰囲気は別物と言えるかもしれません。

このように公営ギャンブル場は、自分の住んでいる場所の近場、日常生活の範囲内にあったとしても、非常に異界的なムードを醸し出し、非日常への旅をさせてくれる場所といえます。

あなたも勇気を出して、ひとりで公営ギャンブル場へ行ってみませんか。新しい発見があり、あなたにとって新しい聖地になるかもしれません。

第四章

公営ギャンブル「旅打ち」のすすめ

†「旅打ち」とはなにか

ギャンブルを目的として旅することを「旅打ち」といいます。

もともとはやくざが開帳する全国各地の丁半、手本引きなどの賭場を流れ歩く博打うちを意味したと考えられますが、丁半や手本引きの賭博は違法なので、今ではその意味で使われることはなくなりました。

むしろ全国各地にあるＪＲＡも含めた公認のギャンブル場を巡る行為に「旅打ち」の単語が使われています。あるいは全国のパチンコ屋をめぐる行為に使う場合もあるようです。

一九九七年に宝島社から発行された『別冊宝島331　競馬・競輪・競艇・オート　ギャンブル旅打ち読本』は公営ギャンブル場めぐりをテーマにしたムックでした。書籍としては須田鷹雄の『いい日、旅打ち。――公営ギャンブル行脚の文化史』（中公新書ラクレ、二〇〇九年）も同様のテーマです。こうしたムック、書籍が発行されているのは、ある程度の人数の旅打ちファンが存在することを示しています。

世界中のカジノや競馬場をめぐってギャンブルすることも旅打ちの範疇ですが、お金がかかる豪遊のイメージのため旅打ちという用語とは相性が良くないように感じます。

前出の須田鷹雄さんは『世界の中心で馬に賭ける――海外競馬放浪記』（中央公論新社、二〇二二年）という海外の競馬場をめぐったエッセイを出版していますが、ここではタイトルに「旅打ち」の文字はありません。旅打ちという言葉にはどこかうらぶれたイメージがあり、リッチでセレブな雰囲気のある海外の競馬場のルポにはそぐわないのでしょう。

旅打ちという言葉からは社会性の乏しい中年男が人口の少ない地方都市をふらふらと流れ歩く光景が目に浮かびます。それには地方の公営ギャンブル場がぴったりきます。

だから書店に流通する「旅打ち」の文字を冠した書籍は、だいたい公営ギャンブル場を舞台にしているのです。

そんなわけで旅打ちとは全国の公営ギャンブル場をめぐる旅である、という前提でこれから書いていこうと思います。

鉄道マニアには路線めぐり、駅めぐり、歴史マニアには寺めぐり、城めぐり、古戦場めぐりなどさまざまな聖地巡礼の旅があるでしょう。公営ギャンブルのファンにとって、聖地は全国の公営ギャンブル場です。ファンはそれをめぐる旅行に至福の時間を感じます。

今、国内旅行といえば観光地や温泉めぐり、グルメ探訪が主流かもしれませんが、そうした一般観光に物足りなさや疎外感を感じる中高年の方は、全国の公営ギャンブル場を目標のひとつにしてみてください。きっとそれはあなたに新しい旅の世界を切り開いてくれると思います。

†山口瞳『草競馬流浪記』片手に旅打ち

私が公営ギャンブルに接するようになったのは一九九〇年代半ばでした。一九六二年生まれなので三〇歳を超えた頃です。最初は地方競馬でした。

南関東の大井競馬、川崎競馬などの雰囲気に魅了され、浦和競馬からＪＲＡに転厩《てんきゅう》したトロットサンダーに賭け続けてマイルチャンピオンシップの馬券を取っているから、九五年前後です。

ＪＲＡは競馬場も場外（ＷＩＮＳ）も猛烈に混むので実はあまり好きではなく（そのくせ何年間かは毎週休まず通ったのですが）、浦和競馬場のノンビリした雰囲気が好きになり、開催ごとに通ったのも九〇年代です。

そうした地方競馬への興味から手にとった山口瞳の『草競馬流浪記』（新潮社、一九八四年。のちに新潮文庫）に影響され、全国にある地方競馬場を回らなければと使命感に燃えたのが旅打ちの始まりでした。

『草競馬流浪記』にはＪＲＡとはまったく違う地方競馬の個性的な世界が描かれており、そこにある「ここことは別の競馬」を知りたい欲望に駆られたのです。

『草競馬流浪記』は当然、南関東の公営競馬にも言及していますが、たとえば異様に起伏の激しい岩手県・旧盛岡競馬場のコースや、読んだ時にはすでに廃止されていた和歌山県の紀三井寺競馬場についてもしっかり書かれ、旅ルポとしてもギャンブルエッセイとしてもすぐれていました（不満点については次章で指摘します）。

ちょうど同じ頃、ＪＲＡと地方競馬の交流競走が始まり、ＧⅠホース、ホクトベガがダート競争に転向、南関東や高崎などの交流ＧⅠに出走してＪＲＡファンを地方競馬場に呼び込みました。

私も九六年、今はなき高崎競馬場にホクトベガが出走した交流競走・群馬記念を見に訪れました。普段は閑散とした高崎競馬場のスタンドがホクトベガを応援するファンでぎっしり埋まった光景は忘れられません。

しかしホクトベガの走った群馬記念の活況はその後の高崎競馬の人気復活には結びつかず、赤字が続いた同競馬場は二〇〇四年に廃止されました。高崎競馬場は高崎駅から歩いて行ける通いやすい競馬場だったのですが、そうした市内の一等地で赤字施設を運用するわけにはいかなかったのでしょう。競馬場跡地は現在、巨大な展示場、コンベンションセンターとして活用されています。

九〇年代には北関東にまだ栃木の宇都宮競馬場、足利競馬場などもあり、東京からだと日帰りでも行けました。足利競馬場は渡良瀬川のほとりにあり、景色の美しさが印象に残っています。ただ、それらはどちらかといえば日帰りの「遠征」という感覚で旅打ちというほどの距離感でもありませんでした。

宇都宮競馬場は二〇〇六年、足利競馬場は二〇〇三年に廃止されています。

†特別な力の作用

旅打ちを意識した最初は九五年、岐阜の笠松競馬場を訪れた時だと思います。その時は友人のライターのMくんと二人で行きました。まだライター仕事が潤っていた時代で、旅費もケチらなかった記憶があります。

早朝に新幹線で名古屋に向かい、そこから名鉄で東笠松駅（二〇〇五年で廃止）から降りてすぐの笠松競馬場へたどり着きました。南関東では考えられない、のどかな木曽川の河川敷にぽつんとある老朽化したスタンド、内馬場に残る畑を見て、これが本物の「草競馬」かと感慨にふけったものでした。

その一方で入場者が少ないので食堂・売店があまり営業していない状況にも驚き、客のいない一軒の食堂で粗末なバラ寿司を食べ、常に客であふれ、行列ができたりもする南関東の競技場の食堂・売店のB級グルメとの差に落胆したりもしました。

ただ、平日開催でガランとしたスタンドに馬券を握りしめて立っていると、「自分は今、この世の果てにいるのではないか」という、いいしれぬ感慨が湧き上がってくるのです。初めて旅打ちを意識した瞬間でした。

その感覚にきっと麻薬性があるのだと思います。

同行のＭくんは非常に馬券上手で、ＪＲＡの場外馬券発売所でローカル開催のパドック中継を見ただけで勝ち馬を当てる相馬眼のある男だったのですが、彼は七レースあたりで地元のある専門紙の短評欄に「軽視は禁物だ」と書かれた馬が勝っている事実に気づき「残りも勝つんじゃや……」とすべて短評欄「軽視は禁物」の馬から流し、それが見事に的中して旅費以上の払い戻しを得ました。私は彼の発見を信用せず、負けました。

その体験をきっかけに、私は地方競馬における、馬柱のデータを読み込んだだけでは分からない、特別な力の作用について考えるようになったのです。

そのあとＭくんとは岩手・奥州市の水沢競馬場の正月競馬にも一緒に行きました。関東ではあまり見られない雪見競馬で、おそろしく寒かったけれど、スタンドには老朽の美ともいえる味があり、雪の残るダートコースを競走馬が走る姿は神秘的でもありました。食堂も温かい食べ物が充実していて、名物の赤ん坊の拳ほどある「ジャンボ焼き鳥」もおいしくいただきました。

投票所の近くに置かれた石油ストーブの最前列には人相の怖い大物らしき初老の男性がお付きの方を従えて陣取りって小声で何かやりとり、場立ちの予想屋はさかんに「今日は〇番の目が強いよ」と出目の予想ばかりしていました。そこにもＪＲＡや南関東とは明らかに違う競馬があり、それを目にした経験は大きかったです。

水沢競馬場はその後、二度ほど行きました。競馬のあと、水沢駅の近くに広がるローカルな賑わいも繁華街で飲むのも楽しいですが、予算に余裕があれば水沢から花巻温泉に移動して泊まるのもお勧めです。

†ひとりで遊び、ひとりで喜び、ひとりで悲しむ

自宅の近くにある競技場に慣れ親しみ、コースや展開の特徴を覚えて的中回数を増やすのも重要だと思いますが、全国には自分の理解と特徴の違うレース場もあると知るためにも、全国を旅打ちする意義があるのだと思います。

ちなみに水沢競馬場でもＭくんは勝ち、私は負けて腐りました。彼に嫉妬して、失礼な言葉を投げつけたようにも思い、あとで自分を恥じました。彼に非はないのに人間関係に小さく亀裂が入った気分にもなりました。

そういうことがあって、私は旅打ちはひとりで行ったほうがいいと思うようになりました。

いや、旅に限らず日常の公営ギャンブルもできるだけ友人知人とは連れ添わず、ひとりで行ったほうが煩わしさがないと気づきました。

ギャンブル場に二人で行った場合、二人とも同じように勝つことはまずありません。ひとりが勝ち、ひとりが負ける。すると負けた人間がひがむので、その場の雰囲気が険悪になります。

負けた者は帰り道で「お前は儲かったんだから奢れ」とねだり、勝った者は「俺の金だろ」と突っぱねるか、しょうがなく奢ったとしても、たかられた不満が残り後味が悪くなります。

最悪は二人とも大負けするケースで、帰り道で会話もなくなります。

自分に手持ちの金が残っている場合「一杯飲んでいこう」と誘うことができますが、相手が無一文だと、ひとりで飲むわけにも、奢ってやるわけにもいきません。負けた金額にもよりますが、公営ギャンブルで勝てなかったあとの落ち込み具合は人それぞれで、金を失い激しく落胆している人間を第三者が気楽になぐさめられるものでもありません。酒を飲む気にもならない人もいるのです。

ギャンブルは「割り勘」ができる遊びではありません。

その場に一緒にいる友人と勝ち負けを均等に分け合うことはできません。複数の人間がいれば、誰かが得をして、誰かが損をします。そして彼らの感情に、大きな溝が生まれます。その溝はどうやっても埋めようがなく、友情にひびが入ることもあるでしょう。

だから、ひとりで遊び、ひとりで喜んだり、悲しんだりするほうがいいのです。

†ひとり旅打ちの麻薬的魅力

旅打ちの話題からそれてしまいましたが、私はそれ以降、ひとりで全国の公営ギャンブル場を回るようになりました。

ひとりとなると、スケジュールも自由ですし、宿泊する場所も自分が納得できれば粗末なところでかまわないので気楽です。私は根がケチなので、交通費・宿泊費はなるべく安くすませ、賭け金と夜の飲み代を多めに確保するという方針でやってきました。

ひとり旅に慣れてしまうと、その自由さが麻薬的に楽しくなります。好きなだけギャンブルをして、好きな時間にやめて、夜の街で好きなだけ飲む。誰からも束縛されず、知り合いもいない初めての街で、それでも夜の盛り場にいれば、地元の人とひとり、ふたり、仲良くなる人間が増えてゆき、夜の酒場も楽しくなります。ギャンブルをしない地元の常連さんでも、東京から旅打ちに来た変な男ということで、珍獣を扱うようにもてなしてくれることがあります。そうした出会いが、私を新たな旅打ちに駆り立てるのです。

失敗もあります。二〇〇二年、金沢競馬場をめざした時には交通費節約のため深夜バスを使いました。その頃には、旅打ちではできるだけ投票券購入資金を多くしようと、交通費をケチるようになっていたのです。

深夜バスは翌朝、無事に金沢駅に着きました。しかし高速バスの中でも値段の安い四列シートだったため座席が狭くて眠れず、しかも早朝五時に着いたものの、当時はまだ地方には終夜営業のマンガ喫茶もなく、競馬場が開く一〇時頃まで休憩場所も仮眠施設も探せませんでした。しかたなく兼六園まで歩いてそのベンチで仮眠し、警備員に怒られ追い出されました。今では笑える思い出ですが。

当時私は四〇歳になろうかという年齢でした。いい年をして無茶をと思われるかもしれませんが、目的地がギャンブル場だとなぜか無茶したい気分になります。

目的地が美術館や古刹などの名所だと、もう少し優雅に、きちんとした旅行計画にしようと考えるでしょう。それは目的が高尚だからだと思います。しかし公営ギャンブル場めぐりはあまり他人に自慢できない無謀な冒険なので、計画も無謀でいいかと思えるのです。

私は現在は旅打ちにはLCCやホテル付きの格安出張ツアーを使うようになりました。さすがに狭いバスで眠れない移動には懲りました。それでもケチケチ旅行にこだわっていることに変わりはありません。

†一度の旅打ちで複数の競技場

地方競馬場をある程度回ると、別の競技場も回ってみたくなりました。

それから競輪や競艇への興味が始まり、オートレースにも手を染めるようになり、全国の各種競技場への興味がわきました。インターネットのない九〇年代、どのように全国の競技場の場所と日程を調べていたかというと、公営ギャンブルの世界にも実施機関が発行する業界誌的媒体、たとえば地方競馬だと『月刊ハロン』、競輪だと『月刊競輪』、競艇は商業誌ですが『月刊マクール』、オートを含む総合誌としては『週刊レース』といった媒体があり、その雑誌に掲載されている全国の競技場日程を調べるしかありませんでした。

競技場に関しても最寄駅などの情報は少なかったですが、東京出版が発行する『全国レース場ガイド』というポケットブックサイズのガイド本があり、これが大変参考になりました。手元にあるのは九六年度版ですが、今でも旅打ちの前にはこの本をめくって情報確認をしています。おそらく当時、そうした全国の公営競技場をガイドする本を出版して手応えがあるぐらい、旅打ちマニアが存在していたのでしょう。

『全国レース場ガイド』のような競技横断型のガイドブックがあると、ある競技場と同じ県や圏内に、べつの競技の施設があることがわかります。そうなると、二種類の競技場を掛け持ちしたくなるのが人情です。

たとえば、旅打ち四日間で競輪を二日やったら、残り二日は競艇をやるとか。

そこで各種競技の開催日程を突き合わせて、一回の旅行でいくつかの競技場が回れるようスケジュールを組むのが効率的です。

かつて販売されていた『全国レース場ガイド』(東京出版)

近接する同じ競技の施設二場で開催が重なることはめったにありませんが、競輪と競艇、競艇とオートなどは、ひとつの競技の最終日の翌日に近隣の別の競技が初日を迎えたり、同じ開催日程で一方が昼開催、一方がナイター開催と、ダブルで楽しめるよう日程が組まれていたりします。

東京にいると毎日どこかで何かのレース

開催があるせいか、可能だとしても掛け持ちまでしようとは思わないのですが、地方に足を延ばす機会が少ないせいか、旅打ちの時はギャンブル場を掛け持ちしたくなります。

たとえば二〇一四年の長崎の旅では、大村競艇場と佐世保競輪場の掛け持ちをしました。長崎空港からタクシーで大村競艇場へ移動、そのあと長崎で一泊して翌日、佐世保に移動して二日間、競輪という日程です。

ふつう旅打ちとなると空港からターミナル駅までリムジンバスで移動して、そこから送迎バスで競技場と二段階あって時間がかかります。しかし大村競艇場は空港から車で一五分程度、その時にはたしか舟券と引き換えにタクシー代を競艇場がいくらか負担してくれるサービスがあったと記憶します。そこで最終レースまで遊び、競艇場から長崎駅までの帰路は当然、無料送迎バスを使いました。思案橋付近でたらふく飲んで一泊し、翌日、電車で佐世保に赴き競輪というスケジュールです。

二〇二二年に岡山へ旅した時は、ナイターの玉野競輪と、昼開催の児島競艇場が掛け持ちできました。両者は路線バスで片道一時間程度でつながっており、一日で二種の競技ができました。

二〇二三年に小倉に行った時は小倉ドームで二日間競輪をして、一日は芦屋競艇場へお邪魔しました。芦屋競艇場は最寄りのＪＲ折尾駅から客ひとりでも運行してくれる無料送迎タクシーという素晴らしいシステムがあり、とても快適に競艇場にたどり着けました。ふつうは三～四人乗り合いで出発ですが、電車の到着に合わせているので、ほかに客が現れないとひとりでも出発してくれるのです。帰りは福岡方面の途中駅まで無料送迎バスが出ているので、福岡空港に向かう交通費を少し、送迎バスで浮かすことができました。福岡県の公営ギャンブルには本当に感謝です。

競輪と競艇など、違う競技を同じ旅程の中で掛け持ちするメリットは、ともに等しく負けることが少ない点でしょうか。

私の場合旅打ちで二種の競技を遊ぶと、なぜか競輪が負けなら競艇で取り戻し、競艇が負けなら競輪で少し勝つ、というようにバランスがとれます（というおめでたい記憶だけが残っているだけかも……）。このような不思議な幸運も旅打ちを楽しくしてくれる要素です。

†余裕があれば前夜に目的地へ

今はインターネットを使って開催日程にあわせてルート検索すれば効率的な旅程が簡単に組めるので、いい時代になったと思います。インフレや円安による燃料費高騰で飛行機代など交通費は高止まりしていますが、なんとか安い手段とルートを探して、みなさんもよりケチケチした旅打ちを試行錯誤してください。

旅程や旅費に余裕があれば、競技場のある市町村には前夜のうちに着いて、一泊して翌朝、競技場に向かうのがいいと感じます。

地方の公営ギャンブル場は当然ながら、到達まで時間がかかります。私のように東京を起点にした場合、片道四時間、五時間かかることもごく普通です。だから前日に現地入りし、ホテルでたっぷり寝て、翌日のギャンブルに備えたいのです。

しかし現実にはそうもいきません。一泊分の宿泊費がもったいないからです。私の場合、以下のようなスケジュールで旅打ちの一日目が進行します。

朝の五時に家を出て、羽田空港や成田空港から飛行機が出発するのが七時頃、目的地の空港着が八〜九時、そこからリムジンバスで三〇〜六〇分程度かけてターミナル駅へ着き、時には三〇分も無料送迎バスの出発を待って寂しい駅前で佇み、やっと送迎バスで競技場へ向かいます。見知らぬ町の見知らぬ風景の中を一五分から三〇分。山の中に入ったり、田畑しかない農村風景の中をどこまでも走られると、さすがに「帰れるのだろうか……」と不安になります。競技場へたどりつくのは家を出てから約五〜六時間後。仕事ならばそろそろ終業したいぐらい動いていますが、時刻はまだ昼近く。そこからようやく予想と投票を始めなければならないのです。中高年には疲労が残るつらい日程ですが、でもそれが私の旅打ちの平均的スケジュールです。

だから到着初日はレースの予想をしている間に眠くなったり、疲労で頭が回らなくなったりもしますが、それもケチケチ旅行の試練なので、仕方ありません。往路で深夜高速バスを使うと、運賃を安く済ませられ、目的地のターミナル駅に直結できます。しかしバス泊は睡眠不足や車の揺れで疲労し、当日、レースを見ている途中で眠くて眠くて仕方なくなります。私は競技場で酒は飲まない派ですが、飲みながら打ちたい方なら、そのまま寝落ちするかもしれません。体力の落ちた中高年は、往路の深夜バスは避けるのが賢明です。

帰路は別です。帰路は深夜バスでも、早朝に自宅に着けば布団で眠れるので睡眠不足は解消できます。なので、たとえば本州の競技場なら、帰路は深夜バス泊のこともあります。帰った直後にすぐ仕事復帰だとけっこう厳しいですが。

旅打ちでレースにきちんと立ち向かうためには、本来は前夜乗り込みが有利です。後述するように、専門紙を読み込む時間も得られます。ただ、一泊分の旅費が増えると考えればケチケチ旅行では難しい選択です。実行する前にご自分の財布と相談してください。

†地域によって専門紙のレイアウトが変わる

私は今では競輪と競艇は競技場で無料で配布している出走表と場内表示のオッズだけで予想する場合が多く、有料の専門紙を買うことが少なくなりました。さすがに地方競馬とオートは専門紙を読まないと分からない要素が多すぎて買い求めますが。

しかし公営競技のビギナーならば、とにかく専門紙を買って、その予想を参考にしたほうが無難に投票できます。専門紙に関して旅打ちで重要なのは、地方によって番組表のデータ記載のルールがまちまちで、目を慣らす時間が必要になることです。

たとえば、関東では競馬や競輪の専門紙は一部をのぞき、番組表は縦に並んでいますが、関西の競馬専門紙や競輪専門紙は横組です。縦が横になるだけでなく、予想者が重視する数字が番組表のどの位置に配置されているかも違うので、欲しいデータを目で探し出すのに時間をとられます。そういう不慣れが少なからずストレスになり、投票締切時間が迫って、確信のないまま投票券を買って後悔します。

だから旅先では専門紙に目を慣らすため、前夜に乗り込んでコンビニで前夜に発売される早刷りの専門紙を買って、居酒屋で検討しながら飲んだり、ホテルでじっと読みふけったりする行為が重要になります。

ただ、競技場のホームページが翌日の番組を公開する時代なので、専門紙のニーズは小さくなりました。近年は地元のコンビニの新聞スタンドに専門紙が差されているのを見かけません。かつては必ず前夜に予想紙が発売されましたが、需要がなくなって、早刷りを発行・配達する会社が少ないのだと思います。

競技場の中にはもう売店で専門紙を売っていないところもあり、公営ギャンブルの専門紙は絶滅危惧種かもしれません。これから旅打ちを始めようという方は、地元の専門紙を見かけたら記念に購入しておくべきと思います。私は二〇〇〇年頃、当時北海道にあった北見競馬場（ばんえい競馬）で旅打ちし、そこではガリ版刷りの専門紙が売られていることに感動し、購入したものは今も大切に保存しています。ばんえい競馬は今も帯広競馬場で開催されていますが、さすがにガリ版刷りの予想紙はなくなりました。

ばんえい競馬も専門紙に目を慣らすことが非常に重要な競技です。一般の競馬新聞とは馬柱のデータがまったく違いますから。旅打ちが好きになると、そうした未知の専門紙を解読し熟読できるようになる過程も楽しくなります。

ネットで番組表を見る場合は、事前にホームページにどんな形式で掲載されているか確

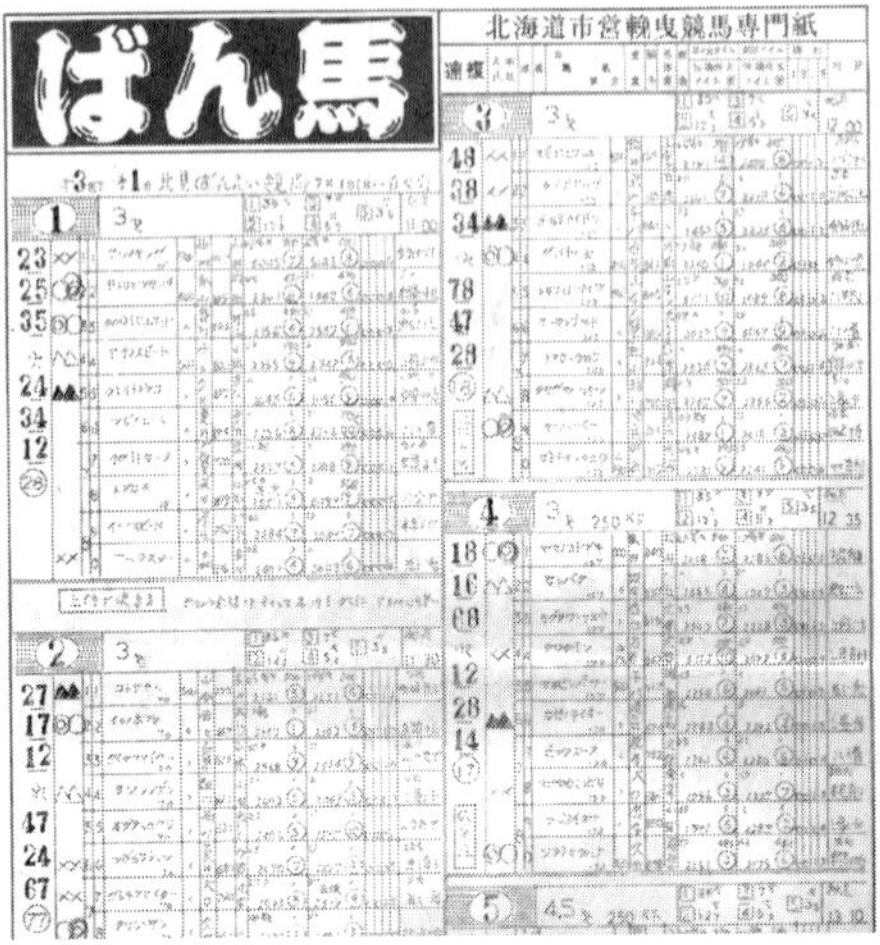

ガリ版刷りの専門紙『ばん馬』

認すればいいだけなので、移動中でもチェックできます。その点では良い時代ですが、私のような昭和世代は、紙の専門紙をバッと広げて読みたいこだわりが強いのです。

各地にある不思議な公営ギャンブル場

全国各地の公営ギャンブル場に実際行ってみると、さまざまな驚きに出会います。

ホッカイドウ競馬の門別競馬場はもとトレセンだった場所なので、周囲にあまり飲食店もなく、札幌からの無料送迎バスでいったん施設に入ってしまうと、最終レースが終わるまでどうやっても帰ることが難しい競馬場でした。スタンドは美しく景色は幻想的、清潔で馬場も見やすい快適な競馬場ですが、自動車のない旅の者がレースの途中でやめて札幌まで帰ろうと思うと、タクシーと電車を使ってトータル四〇〇〇円ぐらいかかることが分かり、負け続けても最終レースまで残り、無料バスで札幌に戻りました。交通費の約四〇〇〇円が浮くと思えば、同じぐらい負けてもプラマイゼロというお得な気分になりました。

久留米競輪場はゴール前にメインスタンドがなく、客の多くはバックストレッチ側から観戦していました。これは不思議な設計でした。

二〇〇二年に廃止になりましたが、島根県の益田競馬場はスタンドとゴール前直線コースの間に一般道路があり、普通に車が走っていました。

やはり今はなき西宮競輪場は、阪急ブレーブスのホームグラウンドだった球場の中にバンクを組んで開催していました。球団がオリックスに買収されてからも、西宮球場で競輪が行われていたのです。外野側にバンクが組まれるので、バックネット裏からホームストレッチを見るのは遠く、両コーナーが一塁側三塁側スタンドに手が届きそうなほど近く、ジャン（打鐘）のあとの一周半の攻防が迫力満点で見られたのを記憶しています。

施設の場所や設計とともに、コースのクセもいろいろあり、旅打ちすると勉強させられることばかりです。事前に資料やネット情報でコースのクセ、展開の特徴などを研究して赴いても、やはり目の前でレースを見ないことにはコースの特徴は読めません。気温があり天候があり風があり、馬や選手や観客の気質も影響しているからです。

それらの難解で不可解な要素に翻弄されることが好きになれれば、貴方も旅打ちの楽しさにハマります。

†レース後の酒がすべてを癒してくれる

そして旅打ちの楽しさは、レース後の酒に集約されます。ギャンブルは時に苦しいですが、そのあとの酒場は楽しいことばかり待っています。

地方にはその地方独特の酒場文化があり、地元の人と交流するのは本当に至福のひと時です。レースが終わると私は、歩ける場合は競技場からぶらぶら歩いて酒場を探し、そうでない場合は無料送迎バスで市街に戻って自分の好きな感じの居酒屋を吟味しながら入ってみます。狭い店や、常連客がいる店なら、「観光客で一名ですが、いいですか？」と聞きます。

狭い路地にある小さな酒場だと、一見客《いちげん》に入ってほしくない店もあるので、確認したほうがいいと思います。私は風体が怪しいので断られることもありますが、それほど頻繁ではありません。
そして席につくと、多くの場合、以下のような会話になります。
店の人「観光って、東京から来たの？」
私「そうです。競輪（競馬、競艇などその時の目的競技）に来ました」
店の人「えっ！（驚き）、わざわざ？　物好きやねえ……」
私「趣味で全国のギャンブル場を回ってるんで」
店の人「（常連に）この人、競輪しに来たんやて」
常連「はー、変わっとるね。誰か選手を追っかけてんの？」
私「いや、私はヒラ開催が好きなので選手ではなく……」
というような流れで会話が進み、気がつけば常連の輪に加わってゲラゲラ笑っています。
近場に競輪場と競艇場がある場合、居酒屋のお客さんには競艇ファンが多いですが、競輪は全国的にファンが減少し、年配の方でも「競輪場は行ったことない」「どういうレースなのか分からない」という人によく出会います。そこで本書第二章に書いたような基本の話を軽く説明すると、面白がってか調子合わせてか「今度行ってみようかな」と言ってくれる人もいて嬉しくなります。

ただし深酒だけは気をつけましょう。二日酔いは、翌日のレース予想の最大の敵です。ほどほどに飲み、早く寝て翌日のレースに備える心構えが大事です。これがなかなかできないのですが……。

中央競馬や公営ギャンブルが好きな人たちの中にはグループで連れ立って旅打ちに向かう人もいます。それも楽しいのはよく分かります。

ところがグループで旅をすると、自分が入りたいと思った店に「この店は高そう」「ヤバそう」「別のものが食べたい」など意見が分かれたり、無難なチェーン系居酒屋やネットで事前にチェックした人気店に誘導しようとする人が必ず現れます。もちろんそれも悪くないですが、公営ギャンブル自体がささやかな冒険であるように、レース後の飲み歩きも冒険でありたい。その意味で、ひとりで旅し、ひとりでギャンブルし、ひとりで酒場に飛び込むスタイルは、ビギナーにとってハードルが高いにしても、旅打ちの理想として心には留めておいてほしいと思います。

ギャンブルから酒場という流れで旅のスケジュールが問題なく埋められるのも、レースが昼開催の場合に限られます。昼開催の場合、午後四時台には最終レースが終わるので、地域の盛り場のある場所に午後五時頃にはたどり着き、その頃にはポツリポツリと赤ちょうちんに灯がともり、どの店に入ろうかなあと悩みつつ、ゆっくり店選びができます。お店の人も、常連客の多くない開店して間もない時間帯のほうが一見客に優しく対応してくれるように思います。

ところが近年は公営ギャンブルにナイター開催が増えたため、この昼開催と同じ予定が組みにくくなりました。二〇〇〇年代まではナイター開催は少なく、昼にギャンブル、夜に酒という旅打ちの時間割はごく当然でした。が、二〇一〇年以降、多くの競技場でナイター開催に移行し、午後三時頃から第一レースが開始されるようになりました。

†心強い足、レンタサイクル

公営競技がナイター開催の場合、仕事を休んで旅打ちしている私のような人間は、昼の時間帯に行動する目的がなくなってしまいます。まさかギャンブルと酒場を逆転させ、昼に酒、夜にギャンブルというわけにもいきません。

レンタカーでも運転できれば景勝地を巡る観光で時間が潰せますが、車も運転できません。さて、どうすればいいのでしょう。

その時案外役に立つのがレンタサイクルです。

地方都市には自治体が運営する観光用の有料貸し自転車があったり、ビジネスホテルが宿泊客に無料や低料金で自転車を貸しているところもあります。自転車は駐車する場所にも困らないし、大雨でも降らない限り、かなり遠くまで足を延ばせます。

地方都市ではバスや電車の運行本数も少ないので離れた目的地に向かうには不便ですが、このレンタサイクルの利用で旅打ちの昼時間活用が効率的になりました。

たとえば古本屋です。私は古本屋めぐりも好きで、旅打ちした土地でなるべく探すようにしていますが、近年、市街地から徒歩で行きにくい郊外型の大型新古書店が増えました。そこへ向かうのに、レンタサイクルは最高に便利です。

自転車ならば時間に制約はなく、ネット地図の位置情報を活用すれば迷子にもなりません。何冊か古本を買ったあと、そのまま競技場へ直行することもできます。バスに乗って三〇分程度の距離ならば、山間部やきつい坂の上でない限り、同じくらいの時間で自転車をこいで問題なく行けます。自転車で走っている途中に目についたお寺や私設美術館などに寄ってみるのも有益な時間になります。地元の観光協会のホームページにも乗っていないような、素敵な場所と出会うこともたびたびあります。

私は一回の旅打ちで三〜四泊することが多く、初日の競技場の行き帰りだけ無料送迎バスを使い、場所の見当がついたら、翌日からはレンタサイクルで通います。

予想が外れ続けて腐ったときなどは、自転車で二〜三レースの時間、場外をサイクリングするのがいい気晴らしになりました。またツキがなくてその日のレースを早々とあきらめ帰る時も、好きな時間に自転車で市街まで帰ることができます。

ただし地方の町では街灯がなく本当に真っ暗闇の道路もあるので、ナイター開催で最終レースまで遊んで、自転車で帰る時は注意深く走らなければいけません。地方と東京は違うのだという点も、旅打ちで多く学びました。

†立ち飲み、古本、公営ギャンブル

さて、最近、東京では各地に立ち飲み屋が増え、安くて旨い酒とつまみを提供しています。こうした流行は地方にも波及していて、公営ギャンブル場のある町でも、若い人が経営する工夫をこらした立ち飲み屋が増えたように思います。

旅打ちの時でも、私は現地の立ち飲み屋で飲む回数が増えました。どこの立ち飲み屋でも、話しかけやすい落ち着いた感じの男性客や、女性客が増えています。地元の人とざっくばらんに話し、リーズナブルな酒場の情報を聞くこともできるし、楽しい時間です。

かつて私は旅打ちでは現地の名物料理が食べられそうな老舗の料理屋風を選んで入店し、酒を飲んでいた時期もありました。ただ、勘定が高くつくのでケチケチ旅行する近年は敬遠しています。またその手の店は九〇年代後半に「官官接待」への批判が起こり、接待需要が減ったため経営不振となり数を減らしました。二〇〇〇年代になると、全国の盛り場からスナックの看板が減ってゆき、若者が経営するショットバーに切り替わっていきます。また居酒屋もダンピング競争に拍車がかかり、二〇一〇年以降は立ち飲み屋のブームです。三〇年ほど旅打ちをしているとそういう酒場の移り変わりも見えてきます。

近年、全国各地の盛り場で気になるトレンドは、古本屋とショットバーが一体化した店が増えていることです。古本屋に立ち飲みスペースがあるケースもあります。どうやら古本と酒は相性がいいようです。私もそういう店の古本コーナーで文庫本を数冊買って、店主と本の話をしながら一杯やるのがとても好きです。

そうした店は文学や音楽が好きな三〇代・四〇代の人が経営していて文化的な雰囲気を醸し出し、お客さんも様々なジャンルに分け隔てなく興味を持ってくれ、公営ギャンブルの話題でも盛り上がります。また地元の隠れた名所や、食べ物の美味しい店を教えてくれます。時には観光客には絶対に分からない、隠れ家的なバーの名店を教えてもらえたりもします。

一九九〇年代や二〇〇〇年代には、私は旅打ちに無頼な感覚を求めていました。具体的には「酒・博打・女」を三大テーマにしていました。いわゆる「飲む、打つ、買う」というやつです。今から考えるとバブリーな時代でもあり、それを追求することが可能な体力も収入もありました。

しかし還暦を過ぎた今、体力はなくなり、出版不況で収入も減り、公営ギャンブル場制覇を自らに課して、ケチケチ予算でどうにか趣味の旅打ちを続けている有様です。少なくとも目的から「女」は除外されました。そこにいちばんコストがかかるからです。

六〇代になった自分に同じように旅打ちに三大テーマを与えるなら、「立ち飲み・古本・公営ギャンブル」でしょうか。仰々しく「博打」とせず「公営ギャンブル」なのは、一〇〇円単位でチマチマ賭けているのを「博打」と表現するのはあまりにおこがましい気がするからです。

公営ギャンブルには地域性があり、少額の消費で済み、少し現代とずれたセンスがあります。この三つの要素を楽しみながら旅をするのは、残り少ない人生の大きな目的になるような気がします。

†旅打ちを終えたときの気分

私は旅打ちで黒字になった記憶はありません。勝ったとしても旅費を超える額になったことはありません。旅の前には、いつもそれを目標にするのですが、できたことはありません。

しかし、旅の最終日にレースで少し的中して赤字幅が小さくなると、ようやく何かが見えてきた、次に来た時は絶対に勝てる、という気持ちになります。そして楽しかった居酒屋や立ち飲み屋、バーなどの思い出を抱えて、旅打ちは終了し、自分の住み家に戻っていきます。

ほんの数日間の、初めて訪れる公営ギャンブル場での冒険ですが、永遠にこの場所にいたいとも思うし、早く安心できる自宅に帰りたいとも思う気持ちが拮抗します。半分の寂しさと、半分の安堵を抱えて、旅打ちを終える気分はなんともいえません。この趣味は、私は一生続けていくでしょう。

本章の最後に、私がお勧めする旅打ちのコースをいくつか。前にも書きましたが、岩手・水沢競馬場の正月開催、雪見競馬は地方競馬ファンなら一度は行ってみてほしいです。

ＪＲＡとはまったく別の競馬がそこにあります。

　中部地方では岐阜がお勧めです。名古屋・愛知県の隣県の岐阜県ですが、柳ヶ瀬商店街など、名古屋とはまったく違う昭和的な町並みが素敵です。岐阜競輪があり笠松競馬場があり、少し足を延ばせば愛知県の常滑競艇場か三重県の津競艇場なども掛け持ちできるかもしれません。

　四国・香川県の高松市は格安航空が発着し、そこから地元では高松競輪、丸亀競艇場があり、高松港からフェリーで瀬戸内海を渡って、岡山・宇野港の玉野競輪場に向かったり、瀬戸大橋を渡って児島競艇場などに行ってみるのも日程が合えば可能です。高松は讃岐うどんのメッカなので、うどんと公営ギャンブルの二刀流で聖地巡礼ができるでしょう。

　九州・福岡県の北九州市は小倉競輪、若松や芦屋の競艇場、そしてＪＲＡの小倉競馬場などもあり、多彩なギャンブルが一気に楽しめるおすすめの地方都市です。飲み屋街の充実度も全国屈指と思います。うどん、カレー、ラーメンなど、Ｂ級グルメも多彩で個性的です。

　旅打ちには知らなかったことを発見する喜びがあります。これまでつらつら綴ってきたような私の感覚に共感してくれる方は、ぜひとも旅打ちにチャレンジしてみてください。

第五章

エンタメの中の公営ギャンブル

　ここまで公営ギャンブルを学んでも、それでもなお公営ギャンブル場に実際に足を運ぶのはためらわれるという方もいるでしょう。近場に公営ギャンブル場がない方もおられるでしょうし、最初、ひとりでは難しそうだし同好の士を探すのも大変、など公営ギャンブル場へ出かける決断は気楽にできないと思います。

でも私は皆さんに公営ギャンブルを好きになってほしい。行かなくても、少なくとも行った気持ちになってほしい。

　そこでこの章では、公営ギャンブルをテーマにした読み物を紹介して、ギャンブル場に行かずとも、ギャンブルをした気分を味わっていただこうと思います。小説やノンフィクションなら、ぐっとハードルは下がるでしょう。すでに絶版となってしまった作品は古本で探すしかなく、値の張る本もありますが、図書館や古本屋で探してみてください。映画やドラマなど映像化された作品も紹介します。

†読み物でしか知ることができない「裏側」

なぜ公営ギャンブルを「読む」のでしょう。それはエッセイや小説、ノンフィクションなど、どのジャンルも多かれ少なかれ公営競技のレースの「裏側」が書かれているからです。「裏側」というと、観客席から見えない選手や関係者のバックヤードでの活動と受けとめるでしょう。もちろんそれは重要な要素で、競馬だったら調教、厩舎や馬主の実態、それ以外は選手の練習の厳しさや機械整備の難しさ、運営システムやそこに関わる人の苦労などを教えてくれるのが公営ギャンブル読み物の大きな魅力です。小説はフィクションという逃げ道があるせいか、スポーツ新聞の記事には書かれていない競技の裏側がより具体的に書かれます。

一方で、物理的な活動としての「裏側」ではなく、金を賭ける人間、レースを見守る人間の心の動きも、ひとつの「裏側」といえるのではないでしょうか。

公営ギャンブル場に行くと分かりますが、観客は感情をあまり表に出しません。みんな黙々と予想し、投票券を買い、レースを見て、当たっても大げさにはしゃいだり怒ったりしません。とくにひとりで来ている客は的中しても無口です。

それは感情を露わにするのを美徳としない日本人の特徴であり、中高年が露骨に喜んでは大人げないという恥じらい、慎みかもしれません。あるいは、それまで抱え込んだギャンブルの赤字を考えれば、ひとつのレースを的中させた程度で喜んでいる場合ではないという現実の積み重ねのせいもあるでしょう。しかし人間である以上、予想の的中や外れが感情に影響しないわけがありません。

それを明らかにできるのは、読み物の書き手しかいないのです。書き手が巧妙であればあるほど、ギャンブルに金をつぎ込んだ人間の顔には出ない不安や高揚、苦渋、心の奥底にしまい込んだ心理を鮮やかに描き出します。その感情描写が、読者がそれまで気づかなかった、ギャンブルが自分に与えた影響や意義を再発見させるのです。

私たちが無意識に心に鍵をかけているギャンブルについての感情を、読み物は解き放ちます。それによって初めて自分で気がつく心理というものがあるのです。

これこそが公営ギャンブルの本を読む第一義ではないかと私は考えます。

その意味で、公営競技に関する本では、まずは人間の心理描写に長けた作家、文化人などが書いた、実際に公営ギャンブルを体験したエッセイ、ノンフィクションから入るのが良いと思います。

†まずは山口瞳『草競馬流浪記』

まずは地方競馬に関するノンフィクションです。

第四章にも書いた山口瞳『草競馬流浪記』を読んでみてください。高潔かつ軽妙洒脱な文章で描かれる全国の地方競馬場の巡礼記です。八〇年代の地方競馬場の雰囲気は、深い郷愁を感じることができます。すでに廃止された競馬場も多く、こんなに地方競馬が盛んだった時代があったのかと驚くと思います。同書はおそらく公営ギャンブルの永遠のバイブルの一冊といって良いと思います。

ただ問題もあり、同書は雑誌媒体が潤っていた時代に書かれたノンフィクションで、山口瞳は出版社の経費で、編集者が段取ったスケジュールをこなしています。また取材をしてくれたお礼に関係者が接待する様子も隠すことなく描かれ、大作家の影響力の大きさを感じさせます。私のような在野のライターには当然、そのような接待はありません。旅費も自前で、ひとりで旅し、ひとりで酒を飲みます。

だから『草競馬流浪記』を読んでいると、コンチクショー、いい目見やがってというジェラシーが湧き上がるのも事実です。第四章でとりあげた『いい日、旅打ち。』の著者、須田鷹雄さんも同じ批判を書いていて、旅打ち愛好者の誰もが感じる嫉妬であり反感なのでしょう。

そしてこの山口瞳の達成した成果を、自分ひとりの力で超えるため公営ギャンブルファンは旅打ちを続けているのだと思います。地方競馬と競輪に関しては、私はとりあえずやりとげた感覚があります。ただ、そうした批判はあっても、『草競馬流浪記』が地方競馬入門のマスターピースでありバイブルであることには変わりなく、魅力は今も褪《あ》せていません。皆さんにもぜひ一度は読んでいただきたいです。

佐藤次郎『砂の王メイセイオペラ』(二〇〇〇年、新潮社)は九〇年代末にダート戦で無敵を誇った水沢競馬の所属馬メイセイオペラがJRAのGIレース、フェブラリーステークスに優勝するまでを感動的に描くノンフィクションで、岩手の競馬界の内情、そこで仕事をする人々の姿が余すところなく描かれています。

史上唯一の地方所属馬中央GI優勝という偉業ありきで書かれているため、最初から感動し、泣かせる方向に寄った筆致なのですが、地方競馬のロマンが凝縮された一冊といっていいと思います。もう二〇年以上前の本なので、メイセイオペラの引退後の種牡馬としての成果も加筆して文庫化してほしい本です。

†競輪ノンフィクションは阿佐田哲也に限る

ギャンブルといえばギャンブル小説の大家に阿佐田哲也がいます。本名の色川武大で文芸小説を書き、多くの文学賞を受賞しています。その色川氏がギャンブル小説を書くときのペンネームが阿佐田哲也で、ふだんギャンブルには無縁でも小説や映画で『麻雀放浪記』には触れた、という方も多いのではないでしょうか。

阿佐田哲也の作品の多くは麻雀小説ですが、彼は「ギャンブルの帝王は競輪である」という持論の持ち主で、競輪小説も何作か書いています（後述）。

阿佐田哲也には『競輪痛快丸かじり』（一九八六年、徳間書店）という編著書（エッセイのオムニバス）があり、その冒頭の「ギャンブルの帝王、それが競輪」は阿佐田による競輪入門というべきエッセイです。八〇年代に書かれたエッセイなので、現在とルールが変わっていますが、競輪のレース展開・構造をわかりやすく説明していて面白く読めます。

そこで彼は次のように書いています。

「最大の特徴は「推理をつみあげてゆく」面白さである。選手の戦法、性格、脚力、人脈等のデータを集め、実際のレースの動きを見てそのデータを修正していく。経験の〝貯金〟が競輪を「複雑、高踏、難解でスリリング」なものにしている」。これは競輪だけでなく、すべての公営ギャンブル、ＪＲＡの競馬にもいえることです。その文脈の末尾に、阿佐田はこう添えています。

「そして、なにより人間臭いところがいい」

競輪の人間臭さとは、競技場が小さく、モーター音がないので、スタンドにいる観客の声援や野次がよく響き、選手に届きやすい点ではないでしょうか。またバンクの周囲の金網に張り付いて観戦していると、選手が踏み込む時やブロックする時の気合の声が聞こえます。レース終了後のひどい呼吸の乱れにも気がつきます。人間の声が聞こえ、客と選手の気持ちのやりとりがもっとも濃く現れるのが、競輪のように私は思います。

彼の競輪エッセイの単著に『阿佐田哲也の競輪教科書』（一九八九年、徳間書店）があります。こちらはビギナー向けではなくマニアックですが、競輪、ひいては公営ギャンブルの勘所を押さえていて勉強になります。

たとえば冒頭に「まず、見《ケン》よりはじめよ」との見出しがあり、「まず、見《ケン》が第一歩。見《ケン》はギャンブルの予備運動。力士が四股をふむようなものだ」とあり、性急に車券を買う行為を戒めています。深い教えを感じます。凡百の競輪入門本は「見《ケン》よりはじめよ」などとは絶対に書かないので、ここに阿佐田哲也のギャンブル哲学が凝縮されていると思います。

競輪ファンとして有名なフォークシンガーの友川かずきには『友川かずきの競輪ぶっちぎり勝負』（一九九五年、ベストブック）という好著があります。彼が競輪にハマっていく導入部は競輪入門の趣があり、以降の、日々競輪場に通って車券を買うエッセイでは、実際に一点三万円をつぎ込んだ車券の写真が載っていて、その度胸は尊敬に値します。車券が掲載されているということは、払戻しされていないので、外れて損をしているということです。

山口瞳の『草競馬流浪記』同様に、接待競輪的な場面があったり、どちらかといえばアングラの人というイメージがある彼がビッグレースやトップレーサーに肩入れしがちだったり、歌手・友川かずきのイメージとは違う面もあり、興味深く読めます。友川の視点からの生真面目なレース解説でもあり、読んでいると競輪仲間とスタンドにいる気持ちになれる素敵な本です。

†最相葉月の競輪ノンフィクション

ベストセラー『絶対音感』（一九九八年、小学館）や『星新一――一〇〇一話をつくった人』（二〇〇七年、新潮社）などの秀逸なノンフィクションで知られる作家・最相葉月の最初の書籍が競輪をテーマにしていることは、一般にはあまり知られていないかもしれません。彼女の単著デビューは『高原永伍、「逃げ」て生きた！』（一九九四年、徳間書店）という、競輪選手・高原永伍を追いかけて取材した力作ルポです。

最相がまだライターとして独立していなかった編集プロダクション社員時代、上司の教えで競輪を知り、はまり、その中で高原永伍という全盛期を過ぎた伝説の選手に強く惹かれ、競輪記者でもないのに押しかけ取材を始めます。

高原永伍は阿佐田哲也や寺山修司らが競輪論やエッセイのテーマにもしている六〇年代から七〇年代初頭にかけてのスター選手で、徹底した「逃げ」戦法で一時代を築きました。中野浩一や滝澤正光、井上茂徳らの一世代前、競輪で数多く優勝し競輪ブームを生み出す大きな貢献をしました。ただし最相が取材した九〇年代には五〇歳を超して体力も衰え、階級も（当時まだあった）B級まで陥落し、それでも「逃げ」の戦法にこだわってレースに出場を続けていました。

そんな高原の過去の栄光を回顧しつつ、素人記者の最相が日本の端から端まで追っかけ続け、気に入られて、競輪観、人生観を深く聞く過程が描かれます。高原の気どらない人柄や日常生活、きびしい練習の様子や、引退を控えたベテランの悲哀もうまく盛り込まれています。

この作品の特筆すべき点は高原永伍が活躍した六〇年代から七〇年代初頭の競輪ブームの光と影を丹念に調べていることでしょう。どこの競輪場も常に満員の観客が押しかけていた一方で、八百長事件や暴動などが頻発し、競輪は博打であり社会悪であるというイメージを作り出した背景を隠すことなく正面から描いています。現在、多くの競輪書籍はスポーツライクな視点で、競技の面白さ、選手の凄さを描きますが、最相のように黒歴史に迫ることはしません。それは彼女が競輪業界とは無縁の一編集者であったことや、当初はこの本は自費出版で出そうとしていた事情と関係している私は感じます。今も根強く残る公営ギャンブルへの暗いイメージの根幹に肉迫しており、お勧めです。

その一方で最相は「競輪を知るまで、私はスポーツにのめりこむことはなかった」と記し、ギャンブルとスポーツの垣根を明確に意識しておらず、そこに私は違和感を覚えてしまいます。また若書きゆえか構成にも混乱があるようにも思えます。それでも彼女の文章はやさしく読みやすく、取材時のドタバタも微笑ましい。再刊も文庫化もない入手しにくい本ですが、すぐれたノンフィクションなので、古本や図書館などを探して読んでいただきたい。ちなみに高原永伍はこの本が出版された九四年に競輪選手を引退しました。

†富島健夫の競艇哲学

競艇では富島健夫の『ザ・競艇』（一九八一年、現代書林）が含蓄に富んでいて楽しく読めます。第三章に書いたビギナーズ・ラック問題では『女とギャンブル』からその金言に接した富島ですが、純文学、青春小説、ジュニア小説の分野から、のちに官能小説御三家の一角にも数えられた作家です。『ザ・競艇』は、レース解説ではなく、競艇というギャンブルに立ち向かう哲学が書かれた本です。冒頭の「夢とロマンを求めて」という一節にはこんなことが書いてあります。

「ぼくたちはなぜ競艇場に足を運ぶのか、その理由は人によってさまざまであろう。しかし「金を儲けるために」という人はきわめてすくないにちがいない。体験上、ギャンブルで金を儲けるのは、長い目で見ればきわめて困難である。多くのファンはそれをよく知っているはずだ」

「配当金は、レースの結果を推理して的中させたファンに対する褒美みたいなもので、もちろんファンはそれを当てにしているものの、直接の目的ではない」

私も、これが公営ギャンブルファンの本音だと共感します。本音というか、負け続けた人間が到達する「屁理屈」の最たるものでしょう。同じような屁理屈が、「常識への〝反逆〟」という項ではこんなふうに記述されています。

「ある日レース場からの帰り、タクシーの運転手がぼくに言った。

「だいたい半年から一年、同じ顔を見ますね。そしてある日から急に来なくなります。パンクしたんでしょうね」

戸田競艇の特観席の顔ぶれもそうである。大きく儲ける者ほど、大きな配当金を得る。そして結果として大きく損をし、早く姿を消す。細く長く儲ける者は細く長くつづいて、この積み重ねは相当の額になる。二十五%を天引きされるのだから、損して当然なのである。一〇〇%的中して、なお二十五%を損する。

それでもなおぼくたちが儲けるために出かけるのは、不条理の精神による。確率を越えた万一に期待するとともに、自分の運を信じたいからである」

富島健夫はギャンブルの本質をえぐり出す作家です。『ザ・競艇』でギャンブルの達人の謦咳に接してみてはいかがでしょうか。

＊公営ギャンブルエッセイの三分類

一九八〇年代は好景気も手伝って公営ギャンブル場に活気がありました。

よって当時はギャンブラーである本の書き手にも勢いがあり、投票する金額も私とは一桁二桁違います。そうした時代の本のほうが、より公営ギャンブルのエッセンスを伝えていると思います。その後、競技場が移転したり廃止されたりルールが変更されたりなど、現状とそぐわない記述もありますが、ギャンブルに熱くなれた時代の空気とファンの情熱を古い本から感じ取ってほしいのです。それが実際に公営ギャンブル場へ足を運ぶ導入部にもなると思います。

これまで紹介した書籍以外にも、公営ギャンブルに関するエッセイはたくさん出ています。さまざまな職種の人が書いていますが、おおまかに言って、「小説家・文化人」「業界記者・ライター」「予想業者」の三パターンに分けられる気がします。

このうちもっとも面白いのは「小説家・文化人」で、とくに小説家は人間の内面を描き分ける専門家ですから、レースに立ち向かう人々の心理を絶妙に描きます。

「記者・ライター」は、レースのシステムや選手の舞台裏などを分かりやすく教えますが、公営競技主催者や運営団体とつながりが深いほど業界賛美にはしる傾向を感じます。また公営競技の選手をスポーツ選手と同等に美化するのを私はあまり好みません。選手にもギャンブラー的な性質を期待し、チームプレーになじまない一匹狼的な選手を好ましく感じるせいかもしれません。近年は公営競技の選手に一匹狼タイプは少なくなり、スポーツマン的な優等生が増えたような気がします。これも時代だから仕方ありません。各競技について書いた本も、選手の才能と研鑽を称える内容が多いように感じます。

「予想業者」とは、「予想料」という料金を徴収し、それを収入として食べている人たちです。けっして投票券の払戻しで食べているわけではありません。だから言葉巧みに必勝法や成功体験が書いてあっても、「そんなに当たるなら、予想業をしなくても、儲けられるはずじゃないのか」と言いたくなります。しかも勝ち続けた話を負け続けの私が読んで面白いわけがありません。

また、生真面目な必勝理論であるほど、日夜の研究や投票前の細かな分析が必要で、ブラっと競技場に遊びにいって、番組表をチラ見して予想する人間にはそぐわないと思います。公営ギャンブルは、出走表一枚、スポーツ新聞の一ページだけで予想できるから楽しいのです。

公営ギャンブルのエッセイを読む時は、ぜひ著者のプロフィールに注目してください。自分たちと同じ、投票券を買う人間の立場で書いている、そして予想がはずれて赤字になった時の感情を隠さず描ける書き手のエッセイが面白いです。

†ギャンブル作品の視点の変化

次に小説です。公営ギャンブル小説には二種類あり、ひとつは騎手や選手、関係者を主人公にした成長小説「ビルドゥングスロマン」であり、もうひとつはファンが大勝負に出た末に予想が外れて転落したり、的中してもけっして幸福にはならない悪徳小説「ピカレスク・ロマン」です。

公営ギャンブルをモチーフにした小説で私の趣味に合うのは一九六〇年代から八〇年代に書かれた作品です。それは後者、ピカレスク・ロマンが多かったからだと思います。しかし作品数が増えたのは九〇年代後半を過ぎてからではないでしょうか。理由は、公営競技の運営・実施機関の姿勢の変化にあるように感じます。

八〇年代、バブル経済の到来とともに公営ギャンブルは年間売上のピークを迎え、その後九〇年代にはじわじわとその額を下降させていきます。二〇〇〇年代はじめに、地方競馬や競輪場のいくつかが廃止になりました。二〇〇〇年代の公営競技は、鍋底不況のような低迷期です。

公営競技ではなくJRAの数字ですが、一九九七年に四兆円を超えた年間総売上が、二〇〇四年には三兆円を割り込み、二〇一一年には二兆三〇〇〇万円弱と、二兆円台の維持すら危機的なほど低迷します。JRAでこの調子なので、公営競技において明るい材料は望むべくもありません。

こうした低迷期に新たな客層の開拓のため、競技を統括するNAR（地方競馬全国協会）や、現在のJKA（当時は日本自転車振興会と日本小型自動車振興会）、日本モーターボート競走会（当時は全国モーターボート競走会連合会）などが啓発活動に力を注ぎ始めたのが九〇年代半ばではないかと考えます。

たとえば少年向けの漫画週刊誌『週刊少年サンデー』（小学館）に競艇マンガ『モンキーターン』（河合克敏）の連載が始まったのが九六年です。八八年にはすでに競輪マンガの名作にして競輪入門書の最高傑作、田中誠の『ギャンブルレーサー』が始まっていましたが、こちらは成人向けマンガ誌『モーニング』（講談社）の連載でしたし、初期は日本自転車振興会に配慮するような内容ではありませんでした。

少年マンガ誌での『モンキーターン』の連載開始には、若い競艇ファンを育てたい業界側の思惑を感じましたし、競技の内側の描き方もしっかり取材の裏付けがありました、そこに公営ギャンブル業界の変化の兆しのようなものを感じたのです。

『ギャンブルレーサー』にしても、連載開始当初は観客目線からのダーティで生々しい場内描写が多い「ピカレスク・ロマン」だったのが、九〇年代になると若手選手の感動的な成長物語「ビルドゥングスロマン」に変わります。競技の実施機関が取材協力に積極的になり、作品の成立に関与するようになった背景を感じさせる変化でした。

同じように小説にも、業界サイドの協力なしには書けないような、練習や施設内の活動を緻密に取材した作品が増えるのが九〇年代後半以降です。

たとえば九八年に発売され、公営ギャンブル四種をテーマにした真保裕一の短編小説集『トライアル』（文藝春秋、のち文春文庫）は、四種それぞれの競技の内幕にかなり深く切り込んで書かれています。ひとつの短編が六〇ページほどで読みやすく、公営ギャンブル小説の入門にはぴったりでしょう。真保氏はミステリーの得意な作家だけに、公営競技のバックステージや選手らの日常を描きながら、選手である主人公の日常に小さな事件が起こり、その謎の解明が結末になるという、巧妙な構成で読ませます。

同作の末尾には日本競輪選手会、全国モーターボート競走会連合会、日本小型自動車振興会などへの謝意が記載されています。ということは公式に取材をしているのです。しかし小説の内容は八百長、エンジンの不正改造、経歴詐称など、ダークな要素もモチーフにしており、それはおそらく八〇年代以前の公営ギャンブル小説にそうしたテーマが多かった影響と考えます。つまり『トライアル』は古いタイプの公営ギャンブル小説から離れられないまま執筆されたのです。

八〇年代以前は作家が選手や競技場の裏側を取材する機会が乏しかったようで、公営ギャンブルをモチーフにする小説は投票券を買う側、客の視点が多かったのです。阿佐田哲也も寺内大吉も富島健夫もみなそうです。

八三年に競輪場の登場する小説『永遠の1/2』(集英社、のちに集英社文庫、小学館文庫)でデビューした佐藤正午はその後、おもに九〇年代に執筆した競輪がテーマの短編を集めた『きみは誤解している』(二〇〇〇年、岩波書店、のち小学館文庫)を出しています。この作品は競輪ファンの男女を主人公にした私小説風の内容で、ファンの心情を理解できる人以外が面白く読めるかはわかりません。そして主人公のうじうじした暗さ、無頼志向、破滅型の競輪への取り組みが八〇年代以前のギャンブル小説を感じさせます。八〇年代の日本は好景気で、ギャンブルに投下する金額も大きかったのですが、現在の中高年の懐具合では小銭を注ぎ込むしかないので、その点では『きみは誤解している』も構成は古いタイプのギャンブル小説です。登場人物の心情に共感はできても、同じ金額を賭ける度胸はありません。

ただし佐藤氏の文体は軽快で洗練されており、昔の競輪小説と印象がまるで違い、その面で過渡期の公営ギャンブル小説を感じさせます。

†二一世紀、公営ギャンブル小説の新たな潮流

こうした動向に対し、九〇年代以降、とくに二〇〇〇年代の公営ギャンブル小説は、騎手や選手を主人公にした作品が目立ちました。また競走馬、騎手、選手をスポーツライクに描くことで読者に痛快さと感動を与えています。

競技に関する基礎知識や裏知識がふんだんに盛り込まれ、競技実施の厳格さや調教、練習、機械整備の難しさ厳しさとその克服が描かれ、それらプロットの統合によって結末で

は爽快感と感動が訪れます。現代の公営ギャンブル小説は、一種のスポーツ小説、選手の成長小説といっていいでしょう。そのほうが読者が受け入れやすいのだと思います。

競馬小説は、ＪＲＡを舞台にしたものに宮本輝『優駿』（一九八六年、新潮社）を筆頭に松樹剛史『ジョッキー』（二〇〇一年、集英社）など有名な作品が多いです。ただしＪＲＡはその母体法人から厩舎、生産者、騎手まで組織が大きすぎるし品行方正すぎて、企業小説のように硬い印象も受けます。

これに対して地方競馬は運営自体が小さい世界だし、人間関係も閉ざされ、明るい題材にはしにくいのか、小説作品は限られます。

地方競馬を材にした最近の小説では、ＮＨＫでドラマ化された古内一絵の長編小説『風の向こうへ駆け抜けろ』（二〇一四年、小学館）があります。

地方競馬教養センター（騎手学校）を修了し、広島県にある架空の地方競馬場に配属された女性騎手が、廃用寸前だった払下げの競争馬を鍛え直し、地方競馬からＪＲＡの重賞レースに出場するまでを感動的に描きます。私の世代は一九九五年のライデンリーダーの桜花賞、オークス挑戦を思い出してウルッとするものがありますが、しかしあくまで小説で、リアリティを感じることはできませんでした。

同作には地方競馬のグレーゾーンを衝くドキリとする生々しい記述もあります。

「どこの競馬場でも、使い物にならなくなった馬や人が流れ着く（略）お前がどんな期待を抱いてここにきたのかは知らないが、それに応えられるほど、もうこの競馬場は健全じゃないんだよ」

「厩舎馬っちゅうのはな、馬主のいない馬のことや。馬主にも見捨てられた馬のこっちゃ。（略）馬数を確保するために、こういう厩舎馬が一杯馬房に繋がっとるのが、今の地方競馬の実情や。この馬どもは勝つための馬やない。出走手当をもらうための馬や」

こうした地方競馬場のネガティブな内情は、小説のための誇張ではなく現実そのものでしょう。競技場に通っているだけでは分からない知識に出会えるのも小説の大きな魅力の一つです。テレビドラマ版は原作のストーリーを比較的忠実に追っていますが、このような生々しいセリフは出てきません。

鳴海章にはばんえい競馬をテーマにした『輓馬』（二〇〇〇年、文藝春秋）という長編小説があります。鳴海は帯広の生まれで、ばんえい競馬には幼い頃から馴染みがあるようです。レースの描写も勘所を押さえています。冒頭から五〇ページ余りは、ばんえい競馬初体験の主人公が帯広競馬場で見知らぬ老人から予想の手ほどきを受ける場面が続き、ばんえい競馬の入門編として丁寧に構成されています。競馬場内で見知らぬ人に馬券術を一から教えてくれる客が現実にいるかというリアリティは別としてですが。

中盤では厩舎の仕事や経営について詳細が出てきます。厩舎経営の内実については、ばんえいも平地競走もあまり違わないと思います。その意味で本書は、地方競馬の実情をかなり深いところまで教えてくれます。また、ばんえい競馬場が北見、旭川、岩見沢にもあった時代の話なので、各地を旅芸人のように巡回していた厩舎の活動が理解できます。

前半はピカレスクのテイストですが、中盤以降、すべてを失った主人公が厩舎の中で立ち直ってゆく展開はビルドゥングスロマンの感触で、読後感は爽やかです。

『輓馬』は根岸吉太郎監督によって『雪に願うこと』（二〇〇五年）の題名で映画化されました。DVDも発売されています。佐藤浩市、伊勢谷友介、吹石一恵、小泉今日子、山崎努など錚々たる俳優陣が出演し、二〇〇五年の東京国際映画祭でグランプリを獲得しました。ただし岩見沢、旭川、北見の三競馬場が廃止になったばんえい競馬の最低迷期に公開されたことや、題材・演出の地味さもあって国内で大きなヒットには結びつかず、存在を知らない方も多いかと思います。また、ストーリーも小説と若干違っています。それでも映画としてはしっかりしており、実際に帯広競馬場でロケされ、輓馬の実物も出演していてお勧めです。DVDレンタル、図書館などで探してみてください。

†競輪小説『グランプリ』、競艇小説『スプラッシュ!』

競輪小説では高千穂遙の『グランプリ』(二〇一一年、早川書房、のちハヤカワ文庫JA)がトップレーサーの鍛錬や戦法に迫り興味深く読めます。題名は、年末に行われる「KEIRINグランプリ」のことで、その出場権利が得られる特別競輪までの選手の鍛錬、作戦立案とレースの死闘を連作風に描き、エンタメとして興奮して読ませます。

そして最後の一編で各話の登場人物たちが、グランプリのレースに出揃い激突する構成です。完全にスポーツ小説として読める、笑って泣いて手に汗握る競輪小説です。『ダーティペア』シリーズなどSF小説で知られる書き手ですが、競輪についてもよく取材しており、戦術解説書としても有益だと思います。

自転車愛好家でもある作者は二〇〇六年のKEIRINグランプリ取材をきっかけにトップ競輪選手に魅了され、同作を書いたとあとがきに記しています。二〇〇〇年代以降の公営ギャンブル小説を代表する作品と言えるでしょう。

競艇小説では前出のマンガ、河合克敏『モンキーターン』の存在が大きいように思います。同作は主人公が〇一年まで山梨県・本栖湖にあったボートレーサー養成所に入学（現在は福岡県柳川市に移転）、プロレーサーとしてデビューして活躍する姿を描きます。競艇もモータースポーツの一種であることから、若い読者層の強い興味を集め、人気になり、モーターの整備、ターンの技術、選手間の駆け引きなど競艇のツボがよく理解できる素晴らしい内容で、アニメ化もされてＤＶＤ、ネット配信などで見られます。

このマンガの影響力のせいか、以降に発刊された小説もなぜか養成所からデビューする若い競艇選手を主人公にしたものが目立つのです。

美奈川護『スプラッシュ！』（二〇一四年）はメディアワークス文庫から書き下ろしで出ており、若者が手にするライトノベル文庫シリーズに競艇小説が入っていることに驚かされます。文体は意外にも硬質で、中高年の読者にもしっくりきます。レース描写もハードです。序盤はレース展開やバックヤードでの活動を盛り込み、競艇入門としてもすぐれていると感じました。

剣道師範の父が早世し、家族の生活を支えるためボートレーサーをめざした青年と、天才新人女性レーサーの関係を描きながら、戦法、モーター整備、日常のトレーニングなどをもれなく描いています。ま、デビュー戦の女性選手がアウトが得意でチルト三度のウィリーモンキーなんていう、さすがにそりゃねえだろ、な超絶設定もありますが（意味不明な方は流してください）、近年の競艇小説ではベストといえるかもしれません。

古賀幸太の『ボート・ミーツ・ガール』（二〇一五年、ＰＨＰ研究所）も若者向けの競艇小説ですが、こちらはまさにライトノベルです。擬人化された練習用ボート、ヘルメット、手袋、大時計などの視点で描かれる異色の設定で、文体がどうにもマンガ的でさすがに中高年の趣味には合致するとは言いにくいです。競艇界が若者志向なのか、若者が競艇志向なのか、どちらかは分かりませんが、このような小説も誕生するところに現代の公営競技運営側のメディア対応の積極性を感じます。

†公営ギャンブルのダークサイドを読む

一方、一九六〇年代から八〇年代にかけては、公営ギャンブル小説といえば圧倒的に賭ける側の人間を描いた作品が多く、結末の苦い味わいが印象に残ります。当時はそれが公営ギャンブルの核心であり、ギャンブラーの終着点と考えられていました。

そこには現代の公営ギャンブル小説とは正反対の読後感があり、小説を読むことで、一レースも当たらないまま最終レースが終わり、競技場のスタンドに立ち尽くしているような暗澹《あんたん》とした感覚を味わえます。しかし、それもまた公営ギャンブルへの道案内だと私は思います。

競馬小説では新橋遊吉のような競馬小説の大家がおり、直木賞受賞作品を含む短編集『八百長』（一九六六年、文藝春秋、のち双葉文庫など）をはじめ、中央競馬、地方競馬交えてたくさんの本が出ています。古くは一九四六年に織田作之助が発表した「競馬」も、中央競馬の話ではありますが、舞台となる時代が古いせいか地方競馬小説のように読めます。

私が好きな昔の公営ギャンブル小説として寺内大吉の競輪小説をあげましょう。現代においては復刻されることもない忘れられた作家になりましたが、寺内は競輪とボクシングに造詣《ぞうけい》が深い浄土宗僧侶で、九〇年代には浄土宗宗務総長まで登りつめた人物です。七〇年代のボクシング中継でベレー帽をかぶった寺内が解説席で語るのを記憶している人もいるかと思います。彼は多くのスポーツ小説とともに、競輪小説も書いています。

代表作は『競輪上人随聞記』（一九六一年、講談社）と「人間に賭けるな」（一九六一年、大和出版『花の仮面』収録）で、前者は『競輪上人行状記』と改題された一九六三年の日活映画（監督・西村昭五郎、脚本・大西信行、今村昌平）のほうが有名かもしれません。「人間に賭けるな」も一九六四年に日活で同名映画化されており、両作ともＤＶＤやネット配信があり、そちらのほうが接しやすいと思います（『競輪上人行状記』のＤＶＤのリーフレット解説は私が書いており、レンタルやネット配信では読めないので、興味のある方はぜひご購入ください。以上宣伝でした）。

小説『競輪上人随聞記』は復刻もなく、図書館か古本屋で探すしかありません。戦災で寺を消失した跡継ぎ住職が本堂再建のために競輪で大勝負するストーリーです。映画版は万策尽きてヤケクソで有り金勝負に出るような演出ですが、小説版はスポーツ新聞の競輪欄の予想から、ある決定的な予想法を発見した主人公が最後に的中させるものの、人生は踏み外すという苦い内容です。小説の眼目は「スポーツ新聞の競輪欄の予想から決定的な法則を発見」という点にあり、これは公営ギャンブルにありがちな不可解な偶然、謎の一致を主張するものです。こうした記述を競輪界はあまり喜ばなかったかもしれませんし、映画にはそのプロットは登場しません。

小説版「人間に賭けるな」はやくざに干渉される競輪選手とやくざの情婦の関係を軸にするもので、やくざの絡む八百長の背景を描いています。同じように真保裕一の公営ギャンブル連作短編集『トライアル』の競輪編「逆風」も、やくざによる選手への干渉が題材です。ある一時代には、競輪競技から連想されるドラマは、やくざ絡みのダークな世界に偏ったのかもしれません。

†競輪小説に見る破滅のナルシズム

競輪小説におけるもうひとつのテーマは生活の破綻です。

競輪ファンの阿佐田哲也には、意外にも競輪小説が少ないのですが『色川武大　阿佐田哲也全集・11』（一九九二年、福武書店）には「競輪円舞曲」という一九七五年に書かれた短編が収録されています（二〇〇七年に発行された小学館文庫『阿佐田哲也コレクション1 天和をつくれ』にも収録）。ギャンブルをしないと誓っていた童話作家が競輪にのめり込み、破滅してゆく過程を淡々と描いた救いようのない話ですが、阿佐田哲也の筆にかかればそこはかとないユーモアがブレンドされ、ギャンブルの負けにも人生の哀楽があると教えてくれます。

同じような破滅型競輪小説に能島廉の『競輪必勝法』（一九六三年）という傑作があります。こちらは中編で、作者がモデルらしき児童雑誌編集者が、仕事をすっぽかして競輪場へ通い詰め、転落してゆく姿が徹底的にリアルに描かれる私小説です。

主人公の従兄弟が弱い競輪選手で、その家庭の困窮も交えつつ、ひたすら暗い競輪漬け、負け続けの悲惨な日常が続きます。いっぽうダメ選手だった従兄弟の競輪選手は最後に金を掴み、それが小説の題名の意味になっています。さて、「競輪必勝法」とは？

能島廉は作中に書いています。

「競輪は、やればやるほど面白かった。（略）迷いに迷い、その迷いの前には、あらゆる思慮分別というものは、実に無力であった。そして、全レースが終わり、はじめて我にかえってみると、やり場のない憤懣に口をへの字にまげ、はずれ車券とよれよれになった予想新聞が砂塵に巻く中を、踵のちびたくつをひきずって帰っているのであった」

私も、何度そのような目にあったでしょうか。公営ギャンブル場に通っていると、こういう暗く自虐的なナルシズムに誰でもひたれます。

この小説の内容は、高千穂遙の『グランプリ』とは対極にあり並べて読むことでバランスが取れるような気もします。ファンと選手という主観の違いのほかに、破滅と栄光の対照があります。同じ競輪小説でも、こんなに違うものかという気分になります。

能島廉の書籍は古本でも入手が難しいですが『競輪必勝法』は學藝書林の文学全集『全集・現代文学の発見・別巻』に収録されているので、図書館に収蔵されている可能性があります。

また二〇一〇年一一月に発行された文芸誌『en-taxi』三一号に文庫サイズの別冊付録として収録され、ときどき付録のみがネットオークション、フリーマケットに出品されているので、まめに探してみるとよいでしょう。巻末に能島廉の年譜があり、坪内祐三による解説も充実、付録にしては割高でも買う価値はあると思います（坪内は知人の編集者にこの作家の文庫本出版をもちかけたものの『競輪必勝法』という題では色良い返事はなかったので、仕方なく自身が編集する文芸誌の付録にしたと切ない事情を吐露しています）。

ちなみに能島廉は小学館の学習雑誌の編集長をつとめましたが、ギャンブル場通いで心身ともに疲弊、一九六四年に三五歳で没しました。

†ひどい負け体験が小説のネタになる

同じ時代の競艇小説では、前出の富島健夫が何作か書いています。短編では『背徳の部屋』（一九七二年、光風社書店、のちケイブンシャ文庫など）に収録された「女流選手」や「落とし穴」、長編では『女とギャンブル』があり、いずれも競艇場のシーンのある官能小説の趣です。短編ではショートショートほどの枚数の「落とし穴」が作者の実体験をモデルにしているであろう、ツキのない時の強烈なハズレが描かれて秀逸です。公営ギャンブルとは結局、研究や推理ではなく、ツキなのだということが、短い小説の中に見事に描かれています。

長編『女とギャンブル』は競艇場で客の代わりに予想をしてご祝儀をせしめる「コーチ屋」を主人公に、競艇、女、競艇、女の短いプロットのレンガ積みで展開します。官能シーンは手練という感じですが、ギャンブルシーンでの主人公を介した金言が印象的で、次のような言葉が心に刺さります。

「あいつも、きのうちょっと儲けたから、きょうはいれこんでいる。買う額もエスカレートしてくるだろう。こういうときは危険なんだ。きのう勝ったからきょうは負ける。まずそう思ったほうがいい」

「順当ならば信三の予想通りの結果になるだろう。順当にレースが展開しないことがしばしば生じるのがギャンブルなのだ」

「王のホームランに野球ファンは熱狂する。しかし、そのファンはゲームとは関係のない第三者にすぎない。ゲームには参加できない。

レースはそうではない。券を買うことによってレースに参加し、自分が買った選手と一体になる」

富島健夫の小説の単行本・文庫本は古本市場に大量に出回っているので、新古書店やネット通販で比較的簡単に入手できます。

ここまでオートレースについての書籍をとりあげていませんでした。それは私があまりオートの本と出会えなかったからです。

小説では前出の真保裕一の『トライアル』に「最終確定」というオートレース小説の秀作が収録されています。選手の視線で描かれた小説ですが、落車し続け、負け続ける主人公に読み手の車券経験が重なって、ジンと来る内容です。

阿佐田哲也にもオートレース小説があります。さまざまなギャンブルを主人公が巡歴する連作短編『ばいにんぶるーす』（一九八二年、講談社、のち講談社文庫など）の中の一編「クーパツ」です。クーパツとは八百長の空発（失敗）のことで、序盤は南関東の地方競馬場が舞台となり「成績からはどう見ても力量不足の無印の馬が、堂々と五馬身も差をつけて逃げ切り、しかも配当が四七〇円と、異様に安かったことにおどろいた」「馬主側の作戦で、そうやって人気をつけておいてトボける手もある。（略）なにしろ草競馬は賞金が安いから馬主も馬券で稼がないとカイバ代も出ない。なかば公然と馬主作戦が容認されているんだよ」などという暗黒面がサラリと書いてあります。

後半は今はなき船橋オートレースが舞台となりますが、さすがの阿佐田哲也もオートには詳しくないのか、ケントク買い（選手の力量で推理するのではなく、着に入りやすい数字を選んで買うサイコロ博打と同じ出目戦術）で勝負する展開になっています。

結局、車券は非常にツキのない外れ方をするのですが、阿佐田哲也の名付け親である作家の柳橋史がそのエピソードは阿佐田と大宮競輪に行った時の体験をモデルにしていると巻末解説で明かしています。富島健夫もそうですが、誰も手ひどい負け方は強く記憶に残り、小説のネタに使っているでしょう。そうやって、ギャンブルの赤字を少しでも取り戻そうとしているのです。

†「八百長」告白の本

最後に、公営ギャンブルの暗黒面として目をつむることのできない「八百長」についての本も紹介しておきましょう。

近年、公営ギャンブルのダークサイドについて書かれたノンフィクションの問題作に西川昌希『競艇と暴力団――「八百長レーサー」の告白』（二〇二〇年、宝島社、のち宝島SUGOI文庫）があります。この本の著者は競艇選手として実際に活躍し、二〇一九年に突然引退、その後レース時の不正行為で逮捕され、有罪確定するまでの一部始終を手記という形で書いています。ですから観客の立場から「あのレースはたぶん八百長」「八百長はこのように仕組まれる」と推測して書いたものでなく、実際に事件化し被告当人が罪状を認めたところから書かれていて、競艇界は「そんな不正はありえない」と否定できません。

これまでもJRAや公営ギャンブルでは何度も不正レース事件が表面化しましたが、騎手や選手はその後姿を隠し、沈黙を決め込むのが通例でした。西川昌希のようにすべてを赤裸々に語る当事者は珍しいと思います。

西川が関与した不正行為は、一枠に入って一番人気になったレースで着外に消えることで、それで誰がどのぐらいの金額を儲けたか具体的に書いてあります。着順を入れ替える高度な操艇テクニックも明かされ、それが逆説的にレース展開を予想する解説になっている点も面白いです。また競技場で大金を使って購入していると目立ちすぎるので、ネットでの購入を選択し、さらに負けることが決まっている本命にもある程度投票を流してオッズの変動を目立たないようにするなど、細かいノウハウをリアルに描いています。

こんな一節をあなたはどう感じるでしょうか。

「競艇では明確な不正と、グレーゾーンの不正があり、その境界線はあいまいだ。
同県同期や仲の良い選手が互いに潰し合うことをしない程度であれば「暗黙の了解」で、それも含めてファンは舟券を予想するが、あらかじめ宿舎で「明日のレースは進入で内側に入れたるから」「インから先マイさせてな」などと打ち合わせるようになると（実際こうしたことは普通にある）、これは不正と言われても仕方がない」

おそらく公営ギャンブルを長くやっているファンは「そういうこともあるだろうなあ」という感想を抱くでしょうが、ビギナーにとってはこれら選手同士のやりとりはとても恐ろしいと感じるのではないでしょうか。しかし、私はこうした選手間、関係者間の交渉はあるものと考えます。彼らが人間であり、狭い業界の中で同じ人間が長い間仕事を共にしていれば、義理人情や談判が介入するのは仕方ないことです。だから、着順はそうした要素を絡めて予想しなければならないのです。

マンガ『モンキーターン』や小説『スプラッシュ！』『ボート・ミーツ・ガール』では、神聖かつ最良の学び舎と描かれている養成所も、こちらの本では「刑務所以下」として否定的に描かれ、競艇選手の成長という面でも、フィクションとは真逆のピカレスク的な展開があります。このノンフィクションと前出の小説を読み比べると、とても興味深い対照性が見えます。これもまた公営競技の本質であり、その意味でも『競艇と暴力団』は読む価値があります。

†書を捨てよ、ギャンブル場へ出よう

前述しているように、古い時代の小説では、レース場のさまざまな不条理や謎の展開について作家が自由に書きました。それを読んでファンは「レースには、そういう背景もあるんだろう」と想像し、予想の外れを納得し、ギャンブルの本質を学んだのです。

つまりレースは最初から綺麗事ではないという前提も、公営ギャンブルには必要だと私は考えます。そうしたダークサイドはギャンブルに限らず政治や自治体の行政、選挙、民間企業の取引、そして健全なスポーツなどにも内在しても不思議ではありません。世の中すべてのけっして綺麗事ではすまない仕組みを理解するためにも、不条理や謎の多い公営ギャンブルを身近にし、日常的に思考の根底に置くのが人生の知恵ではないでしょうか。そこに序章で書いたように「世界の仕組みを知る」ための公営ギャンブルの存在意義があります。

八百長問題に関しては、ＪＲＡでも過去に多くの事件があり、レースの不正を指摘する

書き手もいました。前衛歌舞伎の演出家であり、中高年世代には愛染恭子主演の本番映画『白日夢』の監督として記憶される武智鉄二が、一九六〇年代から七〇年代にかけて中央競馬八百長説のオーソリティでした。武智は『競馬――演出か、八百長か、作戦か』（一九五九年、カッパ・ブックス）、『競馬八百長作戦』（一九六六年、20世紀社）、『競馬の謎』（一九七三年、日本経済通信社）ほか、多数の中央競馬糾弾本を上梓しました。武智氏の競馬本はどれも入手困難ですが、探し当てられたらぜひ読んでいただきたいです。題材は中央競馬（JRA）ですが、公営競技にも通じるネガティブな部分が描かれています。

「私が地方競馬へ足を踏み入れないのは、そこで行われる八百長が、われわれのような厩舎筋とも関係せず、ほんとうにレースをたのしむという立場を守っている大衆ファンにとって、ほとんど見やぶることのできない性質のものであるからだ」（『競馬――演出か、八百長か、作戦か』）

すべてのレースがそうだとは言いません。しかし競技の運営、厩舎の経営などが苦しい状況では、レースに不可解な面が現れてもやむをえないのかもしれません。それは競馬だけでなく、すべての公営ギャンブルにあてはまります。そのことは公営競技場に実際行く前に知っておいてほしいと思います。

また一九七〇年代以降の中央競馬会についてあった「競馬の勝ち負けはあらかじめ決まっている」という噂について、私、藤木ＴＤＣは『陰謀馬券の正体』（二〇一一年、宝島ＳＵＧＯＩ文庫）で研究しています。絶版本ですが通販サイトで古本が安価で買えます。興味ある方は、ぜひお手にとってみてください。

こうした書籍を読んで、ギャンブルは怖い、騙されるんじゃないか、と引くのではなく、これもまた世界にあふれる普遍的な不条理のひとつだと捉え、公営ギャンブルを通して不信や拒絶感を克服し、適応する選択肢を模索するのも大切ではないでしょうか。その時、あなたがどのような「屁理屈」を考え出すかが問われるのです。「屁理屈」は現実にあふれる不条理を乗り越えるための、生き残るためのスキルなのかもしれません。

あからさまな不正は絶対に許すべきではありませんが、根拠不明な不条理には私たちは「屁理屈」を駆使して順応して生きてゆくしかないのです。

そのことを学ぶためにも、ここに挙げた何冊かを読み終えたら、本を置いて、ぜひ街の公営ギャンブル場へ出かけてほしいです。そこには、日常的にリアルな不条理のある世界が待ち受けているのですから。

あとがき

なんだか覇気のないギャンブル本だなあ、と感じられた読者も多いかもしれません。

それは私が五〇歳を過ぎてから人生そのものに疲れが出て、仕事にも私生活にも覇気が薄くなってきた反映と考えてください。

また、ギャンブルに関してはもう生きているうちに累積赤字を取り戻す気持ちはなくなったので、あまり勝ち負けを考えません。負けてもいいんです。それでも公営ギャンブルが好きなので、負けてもともと、大金でなければ、知的ゲームを楽しむための遊び代だと考えて公営ギャンブル場に向かいます。そこにひとりでたたずんでいると、なぜか救われた気分になります。その気持ちを伝えたくて本書を書きました。

私と同世代の知人で、公営ギャンブル場に行くけれども、目的は場内の食堂のB級グルメで、レースはビギナーなのでさっぱりわからなかったという人がいます。彼らは公営ギャンブル場にちょっと危険な匂いのするB級グルメ空間という新しい遊び場の可能性を見ているのでしょう。もちろんそういう目的でもいいと思います。

公営ギャンブル場には面白いB級グルメがたくさんあります。それを紹介した書籍やブログ、動画などもさまざま世に出ています。

けれども、せっかく競技場を訪れて投票しない、レースを予想しないのはあまりにもったいない。少しでもレースを理解すれば、競技場のB級グルメのほかに、予想して投票して、勝ったり負けたり、喜んだり悲しんだりというドラマを経験できるのに、と思います。

しかしまあ、いい年齢の大人になって「競輪ってどうやるの?」とか「競艇ってどうなってるの?」と誰かに聞くには気が引けるのも分かります。

そういう人たちにこそ、本書をアンチョコとして活用してもらえればとても嬉しいなと思います。本書を競技場に持ち込んで、チラ見しながらレースを楽しめばいいのです。

ご購入いただいた皆さんには心からお礼申し上げます。ありがとうございました。

それでは皆さん、いつか公営ギャンブル場でお会いしましょう。私よりもずっと予想上手になってください。

ちくま新書

1776

はじめて行《い》く公営《こうえい》ギャンブル

――地《ち》方《ほう》競馬《けいば》、競輪《けいりん》、競艇《きょうてい》、オートレース入門《にゅうもん》

二〇二四年二月一〇日　第一刷発行

著者　藤木TDC（ふじきTDC）

発行者　喜入冬子

発行所　株式会社　筑摩書房

東京都台東区蔵前二‐五‐三　郵便番号一一一‐八七五五

電話番号〇三‐五六八七‐二六〇一（代表）

装幀者　間村俊一

印刷・製本　三松堂印刷　株式会社

ISBN978-4-480-07593-2 C0276